山西省哲学社会科学规划课题研究项目“‘一带一路’背景下山西省战略性新兴产业人才培养机制研究”

山西省社科联课题研究项目SSKLZDKT2017074“山西省战略性新兴产业人力资源预测研究”

山西省留学人员管理委员会办公室科研资助项目2014-051“助推山西资源型城市跨越转型的人力资源战略管理策略研究”资助成果

高技术产业人力资源需求预测研究

——以山西为例

Research on Human Resource Demand Forecast of High-Tech Industry

—Taking Shanxi Province as an Example

李彦华 著

经济管理出版社
ECONOMY & MANAGEMENT PUBLISHING HOUSE

图书在版编目（CIP）数据

高技术产业人力资源需求预测研究——以山西为例/李彦华著．—北京：经济管理出版社，2019.6

ISBN 978-7-5096-6656-2

Ⅰ．①高…　Ⅱ．①李…　Ⅲ．①高技术企业—人力资源管理—研究—山西　Ⅳ．①F249.272.5

中国版本图书馆CIP数据核字(2019)第115068号

组稿编辑：申桂萍
责任编辑：申桂萍　王虹茜
责任印制：黄章平
责任校对：陈晓霞

出版发行：经济管理出版社
（北京市海淀区北蜂窝8号中雅大厦A座11层　100038）
网　　址：www.E-mp.com.cn
电　　话：(010) 51915602
印　　刷：三河市延风印装有限公司
经　　销：新华书店
开　　本：720mm×1000mm/16
印　　张：11.5
字　　数：219千字
版　　次：2019年9月第1版　　2019年9月第1次印刷
书　　号：ISBN 978-7-5096-6656-2
定　　价：49.00元

前　言

高技术产业是破解山西省以资源型经济为主体的区域经济发展困局的关键所在。人力资源是影响高技术产业发展的关键因素，是使产业突破发展瓶颈的主要推动力之一。纵观近年来山西省高技术产业人力资源的发展状况，产业重点发展领域的人才呈捉襟见肘的趋势，严重制约了高技术产业重点领域的发展。本书基于现实需求，以高技术产业人力资源需求预测为重点研究内容，希望通过对高技术产业人力资源需求的相关预测，为产业发展战略与规划的制定提供依据。

本书综合运用定性分析和定量分析，首先，在学术理论层面对高技术产业人力资源及人力资源需求预测方法进行深入了解及掌握的基础上，提出人力资源需求预测对高技术产业发展的重要意义，并通过相关概念界定及基本理论阐述，奠定本书的理论基础。同时对山西省高技术产业发展现状、产业人力资源现状及其二者的协调性进行分析，在现实层面了解当前山西省高技术产业在人力资源方面存在的问题。其次，本书对影响山西省高技术产业人力资源需求的因素进行分析，在遵循指标选择原则的同时确立科学的高技术产业人力资源需求影响因素指标体系，并运用回归分析和格兰杰因果关系检验进行实证分析，证明各影响因素均对高技术产业人力资源产生影响，可作为产业人力资源需求预测的初步指标。再次，运用 GBP – Bagging 网络构建山西省高技术产业人力资源需求预测模型，并从四个角度对 GBP – Bagging 模型的拟合结果与单一灰色 BP 神经预测模型的处理结果进行对比，进一步验证该预测模型在高技术产业人力资源需求预测领域的有效性，同时对 2018 ~2022 年山西省高技术产业人力资源和科技人力资源需求量进行预测及分析，表明未来山西省高技术产业人力资源需求将持续不断增加，并且对科技人力资源的需求更强烈。最后，有针对性地从政府、企业及高校三方面提出了高技术产业人力资源开发培养的对策建议。

本书通过研究得出：①目前山西在高技术产业存在人力资源总量不足、行业分布不均衡、人员老化问题、高素质人才短缺、科技人才短缺等诸多问题，且在影响因素层面，地区劳动力水平、地区经济水平、科研活动投入、产业投资对产业人力资源需求均有较大程度的影响，因此山西省应当尝试通过调整影响因素作用于高技术产业人力资源，以补足产业人力资源层面的短板。②尽管山西省高技术产业人力资源和科技人力资源的需求数量都呈增长态势，但人力资源的增幅要远低于科技人力资源的增幅，且科技人力资源在高技术产业发展过程中地位愈加重要，尤其是对于发展相对成熟的高技术产业，为了产业进一步发展，未来对于科技人力资源的需求将更加强烈。这就要求山西省在未来要加强对高技术产业人才的培养，同时提升对科技人力资源的重视程度，夯实人才基础，拓宽人才生态位。最后根据研究结果，为山西省高技术产业人力资源开发提供政策性建议，这将为科学制定高技术产业人力资源发展战略规划和政策，推进山西省高技术产业进一步发展提供理论依据和决策参考。

目　录

第一章　导　论

第一节　研究背景与意义

一、国内外时代背景

1. 高技术产业研究背景

高技术产业是指用当代尖端技术生产高技术产品的产业群，主要包括信息技术、生物工程和新材料等领域，研究开发投入高、研究开发人员占比较大，且发展速度快，对其他产业的渗透能力强。1971 年，美国国家科学院在《技术和国家贸易》中首先提出高技术的概念，英国政府在撒切尔夫人执政期间把高技术列为国家发展纲要，1982 年 8 月，日本《新闻周刊》和《商业周刊》相继发表了《日本的高技术》和《高技术专集》。关于高新技术产业的定义，美国学者认为高新技术产业是研究和开发高技术密集型产业，美国商务部借鉴其研究对高新技术产业的界定主要根据两项内容：一是从业的专业技术人员，二是 R&D 占销售额的比重。还有学者认为高新技术产业是指生产高技术产品的产业而不是仅使用了高技术生产产品的产业。

中华人民共和国成立以来，经过各级政府和社会各方面的共同努力，中国高新技术产业经历了由小变大、由弱变强的历史转变，特别是在近几年取得了快速的发展，已经步入健康发展的快车道。从目前我国高技术产业的产值、进出口规模、资金和人员投入以及面对的国内外宏观环境来看，高技术产业已经成为我国重要的经济增长点，具有经济贡献率高、带动作用强的特点，有广阔的发展潜力。

中国政府一直十分重视高新技术产业发展和高新技术研发，中华人民共和国成立初期，先后创新了新中国的航空工业，发展了核技术和核工业，取得了伟大的成就。改革开放后，中国高新技术产业开发区得到了超常规的发展，高新技术产业发展更是取得了举世瞩目的成就。中国已经初步建立了有利于高新技术产业化发展的政策体系，经过多年发展，中国政府对高新技术产业的认识和作用经历了巨大的跨越。从我们知之甚少到知之渐多，从“眉毛胡子一把抓”的全面干预到有主动选择的“有所为，有所不为”，从1986年3月四位老科学家的谏言到1999年中共中央、国务院《关于加强技术创新、发展高科技、实现产业化的决定》政策的出台，从2006年《国家高技术产业发展项目管理暂行办法》到2014年《国家高技术产业发展项目管理办法》的修订，都表明了我国高新技术产业的发展在一步步跨上新台阶。目前，中央和地方出台的一系列政策措施，几乎覆盖了高技术产业技术创新和成果转化的全过程，初步构成了有利于高新技术产业发展的政策体系。

从20世纪80年代开始，高技术产业在美、日、欧等发达国家和地区得到了大力发展。到20世纪末，美国的高新技术产业已经在全球范围内处于领先地位，产业规模和发展增速都为世界第一。随着2008年全球经济大萧条，各国为重整经济，高技术产业成为后危机时代经济复兴的关键所在，得到了各国的大力支持。

20世纪90年代以来，中国政府也陆续出台了许多促进高技术产业发展的政策，特别是新时代的到来，为中国高技术产业崛起提供了良好的契机。高技术产业的发展在促进产业结构升级和经济发展方式转变的同时可以进一步增强我国的国际竞争力。20世纪末期，山西省委、省政府明确提出将高新技术产业作为山西省经济调整的主线，推动山西省经济的发展。近年来，由于传统支柱产业疲软造成的经济低迷，使得产业结构的转型升级迫在眉睫，高技术产业是破解以资源型经济为主体的区域经济发展困局的关键所在。

山西省高新技术企业数量逐年增加，广泛分布在包括新材料、电子信息、生物与医药等战略新兴产业的各个高新技术领域，形成了一定的产业集群效应，促使山西省高新技术行业的创新能力和综合竞争力快速提升，社会经济价值快速显现，有效地推动了山西科技创新创业的大力发展。而大力发展高新技术产业、提升科技企业创新能力，对于加快山西省经济发展方式转变和经济调整具有重要的现实意义，本书为山西省政府关于高技术产业发展决策及讨论提供了参考依据。

2. 人力资源研究背景

“人力资源”一词是当代著名管理大师彼得·德鲁克于1954年在其《管理的实践》一书中提出的。在这部学术著作里，德鲁克提出了管理的三大广泛职能：管理企业、管理经理人员和管理员工及他们的工作。在讨论管理员工及其工作时，德鲁克引入“人力资源”这个概念。他指出：和其他资源相比，人力资源唯一的区别就是它是人，并且是经理们必须考虑的具有“特殊资产”的资源。德鲁克认为人力资源拥有当前其他资源所没有的素质，即“协调能力、融合的能力、判断能力”，经理可以利用其他资源，但是人力资源只能自我利用。“人对自己是否工作绝对拥有完全的自主权利”，人力资源是发达国家在过度强调物质和财政资源之后，认识到了人在组织中的重要地位，再回过头给予新定位，并视人员为组织中重要的资源。

第二次世界大战之后，随着科技的发展，人的作用曾经被忽略，但是在21世纪的知识经济中，企业必须依赖其管理人员与技术人员的创造性与主动性来赢得竞争优势，这样便不可能低估人的作用，于是人本主义管理上升为管理的主流管理价值观，即把人当作企业的主体，确立人在企业中的主导地位，把企业的一切管理活动主要围绕调动员工的积极性、主动性和创造性来进行和展开。传统企业的经济目标是追求利润最大化，而现代企业的目标则是追求经济效益与社会效益。

中国经济在资源禀赋条件上最突出的特点是：人力资源总量巨大，物质资源相对有限，这也是“人口多”“底子薄”的由来。人力资源总量巨大意味着劳动要素价格相对低廉，大力发展劳动密集型产业推动经济增长将取得比较优势，但同时也意味着较大的就业压力，尤其是在劳动力近乎“无限”供给的条件下，为缓解就业压力要放慢物质资本积累和工业化进程。同时，由于规模庞大的劳动力队伍伴随着质量不高的问题，充裕的人力资源难以形成高水平的人力资本。因此我国当前人力资源赋存条件要保持优势，乃至主导物质和文化资源向物质资本和文化资本转化，关键在于通过适当的途径和机制，把丰富的处于自然状态的人力资源，开发转换为具有现实生产能力和知识技能的专业化人力资本，这是中国经济实现持续快速增长在资源禀赋和比较优势层面应解决的一个根本性问题。

人力资源是进行社会生产最基本最重要的资源，和其他资源相比，人力资源具有能动性、两重性、时效性、再生性和社会性。人力资源管理作为企业管理的重要内容，从全球到中国，从大型国有企业到中小型民营企业，无论是人力资源管理理念或是人力资源管理实践都获得了重要的发展与转变，经历了一个漫长而崎岖的发展历程。人力资源是指一定时期内组织中的人所拥有的能够被企业所用，且对价值创造起贡献作用的教育、能力、技能、经验、体力等的总称。即作为一种资源，劳动者拥有的脑力和体力对价值的创造起到重要贡献作用，人力资源强调人力作为生产要素在生产过程中的生产、创造能力，它在生产过程中可以创造产品、创造财富，促进经济发展。它与社会价值的关系应当说是一种由果溯因的关系。

现代人力资源管理是运用科学方法，协调人与事的关系，处理人与人之间矛盾，充分发挥人的潜能，人尽其才，事得其人，人事相宜，以实现组织目标的过程。随着知识经济时代的来临，技术更新速度加快以及融资方式的多样化，使得企业间的竞争由产品经营竞争发展到资本经营的竞争，再逐渐发展到智力资本经营的竞争，人力资源的价值成为衡量企业整体竞争力的标志。同时，人力资源管理正遭受到前所未有的来自经济全球化、信息网络化、人口老龄化、教育投资大众化、工作方式在家化、社会知识化、人口城市化、顾客的力量、投资者的力量、组织发展的速度与变革的力量等的挑战和冲击。

3. 人力资源需求预测研究背景

人力资源是影响高技术产业发展的关键因素，是使产业突破发展瓶颈的关键所在。因此，高技术产业人力资源的规划和管理显得尤为重要，科学预测高技术产业人力资源需求情况对政府相关部门做出相关决策具有一定的指导意义。

根据《山西省“十三五”战略性新兴产业发展规划》中提出的要求，纵观近年来山西省高技术产业人力资源的发展状况，该产业重点发展领域的人才短缺显得尤为严重。由于对高技术产业未来人力资源需求预计的不足，未能对产业人力资源发展制定合理规划，造成了部分行业人力资源短缺，而某些行业人力资源过剩、基层人力资源冗余的现象。由此可见，为使高技术产业人力资源能够得到良好发展，需建立完备的人力资源预测体系，对各行业各层次人才做出预测，从而为制定合理的产业人力资源规划做支撑。人力资源需求预测，是指根据企业的发展规划和企业的内外条件，选择适当的预测技术，对人力资源需求的数量、质量和结构进行预测。人力资源需求预测是人力资源预测的一部分，是对企业未来的人力需要和能力结构的预判，也是企业人力资源管理、劳动力结构调整、人才战略制定等人事决策的重要依据，更重要的是，人力资源需求预测是企业制定人力资源规划的核心和前提。

企业的人力资源需求预测不仅受到企业内部经营状况和已有人力资源状况等诸多内部因素的影响，还受到政治、经济、文化、科技、教育等诸多不可控的企业外部因素的影响，使得企业在进行人力资源规划、人力资源需求预测时更为复杂。另外，在企业人力资源需求预测中还必须注意到企业人力资源发展的规律和特点，人力资源发展在企业发展中的地位、作用，以及两者之间的关系，分析影响人力资源发展的相关因素，揭示人力资源发展的总体趋势。此外，在人力资源需求预测时，还要掌握预测中的定性、定量、时间和概率四个基本要素，以及它们之间的关系。

基于此需求，本书以山西省高技术产业为例，分析目前产业人力资源发展存在的问题，构建产业人力资源需求预测模型，对未来数年的人力资源情况做出预测，为产业人力资源发展战略与规划的制定提供新的参考借鉴。

二、研究目的与意义

1. 研究目的

据悉，目前全球发达国家的众多新兴工业化区域的高技能人才数量约为其技术工人总量的30%～40%，甚至处于中等程度的发达国家的高技能人才水平也已经大于30%。此外，全球高技能人才的平均比例在25%上下波动。但是，随着中国不断融入全球经济贸易一体化的进程，许多企事业单位越来越发现专业的技术人员在国内容易找到，但高技能人才却不易被挖掘，在全国的技术工人队伍里面只有4%是高级技师，这个数字不仅远低于众多发达国家，而且连一些发展中国家甚至是全球平均水平都达不到。近些年，中国从外国引进新技术、新工艺、新设备，花费了大量人力、物力和财力，但由于高技能人才的短缺造成最终或品的失败现象屡屡出现。尽管全国每年都有几百万大学毕业生，但许多地区行业仍出现了高技能人才紧缺的问题，这严重影响着全国的经济发展和综合国力的竞争，成为未来中国可持续发展的瓶颈之一。

随着现代化企业管理的迅速发展，人才成为企业的核心竞争力之一已是不争的事实。传统的人事管理已经不能满足当代企业对人力资源开发和应用的需求，人力资源管理越来越受到重视。企业人力资源规划作为人力资源管理的第一步，对于企业获得适合、有效的人力资源是非常重要的。本书讨论的人力资源的需求预测则是通过对高技术产业过去数据和未来需求的系统分析，应用定性和定量的方法，对高技术产业人力资源需求量做出预测，为高技术产业提供可靠的人事决策依据，是人力资源规划的核心和前提。自从我国在人才强国战略方面把高技能人才列入其中，且随着近年来中国的市场经济不断发展，其在中国技术人群中的核心地位也受到了高度重视，因此探讨有关高技能人才方面的问题已成为当前的热点研究之一。

山西省作为全国的煤炭资源大省，2010年正式成为全国"资源型经济转型综合配套改革试验区"，为全省顺应国家的可持续发展计划，顺利摆脱历年来把煤炭作为主要产业支柱的模式带来了关键性的转折。为此，高技能人才作为山西省的紧缺型人才，就需要被深入研究分析。为了打造出一支符合山西转型特色的数量充足、技艺高超、具有全面素质的高技能人才强队，加快转变全省的经济发展方式，提高省内企事业单位的竞争实力，提升山西省在全国各省份中的综合地位，使全省顺利实现转型跨越的重大发展，山西省《2011～2020年高技能人才队伍建设中长期规划》明确指出了山西省在2015年结束时全省技能人才数量要达到260万人，其中三种类型的高技能人才要占到27%，也就是70.2万人，并且每隔两年这批人才要进行为期半个多月的进修学习，以此进一步加强完善高等职业教育培训和高技能人才的评价制度。到 2020 年，全省高技能人才数量规模约 106 万人，需要新增高技能人才累计 50 多万人，参加技能和知识学习的时间增加为一个多月，其中获得国家职业资格二级和一级的高技能人才数要占到 21 万人。

本书首先运用先进、合理、可行的计算模型进行科技人才总量、产业结构、学历结构的需求预测，对科技人才供求缺口进行量化分析。从机制体制、环境优化、人才培养、平台载体等方面给出政策建议，为造就一支规模适当、结构合理、素质较高的科技人才队伍提供理论指导，使科技人才能够起到支撑山西省转型跨越发展的作用。一方面，通过资料收集与文献研究，分析山西省高技术产业人力资源发展的现状，明确产业人力资源发展中存在的问题，分析影响产业人力资源需求的因素；另一方面，运用灰色系统理论、神经网络以及集成学习的相关理论，并且针对以往预测模型的预测精度低和泛化能力差的问题进行改进，同时对 2018 ~ 2022 年山西省高技术产业人力资源进行预测，为山西省高技术产业人力资源的发展提供对策与建议。

2. 研究意义

高技术人才是一批有着精湛技术的人才队伍，是不可或缺的重要人力资源，他们在山西省各行各业的领域中发挥着不可替代的作用，始终在推动着山西省经济不断迈向新的台阶。近年来，许多学者对于高技术人才的研究一直处于持续升温状态，尤其是在党中央将高技能人才这支队伍与党政、专业技术和管理等人才摆在同一位置时，其在经济发展中所扮演的角色的重要性已日渐凸显。现阶段供不应求的高技术人才局面已然成为制约山西省经济发展的关键因素，培养和打造一支具有山西特色且掌握先进技术和具备优秀职业素质的劳动技能队伍是一项持久且艰巨的任务，对高技能人才的研究有助于经济发展的稳固、良好和可持续，为增强国家综合国力提供了有力的人力资源支撑。

通过查阅高技术人才需求方面的相关文献，发现多数作者都集中于定性的现状分析和政策阐述，定量的数据和模型相对比较缺乏，本书用定性与定量相结合的方法，以山西省为例，对于高技术人才需求进行预测，在一定程度上弥补了这方面研究少有的不足，对于未来进一步深入定量研究高技术人才方面的内容有着理论指导意义。同时，由于大部分有关高技术人才的研究缺乏较长时间序列的需求数据和预测模型，所以容易导致各地区的高等职业技术学校出现盲目招生的情况，从而使就业难度增加，有些因缺乏足够生源而无法满足全省对高技术人才的不断需求。利用数据模型定量预测出今后山西省的高技术人才的需求量，既可以减少高校的盲目招生现象，缓解山西省每年的高技术人才就业压力，也能为全省各级政府制定有关培养高技术人才的策略提供一定的参考价值，这具有重要的实践意义。

高技术人力资源研究，是对人才开发与区域转型发展的研究，特别体现在产业结构与人才结构协调适配性两个方面，有助于深化人才资源与经济增长关系理论，扩展该领域的研究范围，同时为同类研究积累原始素材。从经济学角度探讨人才支撑问题，有助于形成经济学研究的新视角；从转型发展的视角来研究转型对人才的新要求，研究高技术人才队伍建设可为资源型省份的人才工作提供经验。研究资源型经济转型对高技术人才的新要求，不仅对老牌资源大省山西具有非常重大的意义，也能够为其周边类似的内蒙古、宁夏、陕西、新疆等资源型省份提供可参考借鉴的经验，推动其由主要依靠增加物质资源消耗，向主要依靠科技进步、劳动者素质提高、管理创新转变具有重大的实践意义。

研究高技术产业人才需求预测，是山西省实现转型跨越式发展的必然要求。高技术人才不仅统领着物质资源的开发和利用，决定着社会生产的广度和深度，还在提升传统产业、发展新兴产业、开发新项目上发挥着重要作用，是区域经济指标提升的必要因素，更是实现转型跨越式发展不可缺少的因素。因此，有必要结合山西省发展现状，对高技术人才进行需求预测，分析高技术人才供求缺口，进而确定山西人才开发的目标和重点任务。

本书在理论研究方面，结合高技术产业的产业特点和山西省的地域特点，分析山西省高技术产业的人力资源现状，发现其中存在的问题；结合相关研究对影响山西省高技术产业人力资源需求的因素进行了深入分析；针对以往预测模型精度低、泛化能力不足的问题，运用 GRA 方法对特征变量进行筛选，降低输入维度，简化模型结构，将 GM(1，1) 模型与神经网络结合，并运用 Bagging 算法对 ANN 模型进行集成，提高模型预测的有效性，使得预测结果变得更加可靠。需求影响因素的分析与预测模型的改进为相关研究提供相应理论支持。

在实际应用方面，本书利用改进的预测模型，以山西省高技术产业 1995 ~ 2015 年历史数据为素材，对 2018 ~ 2022 年山西省高技术产业人力资源需求和科技人力资源需求进行预测，定量预测出今后山西省高技术产业中各行业人力资源和科技人力资源的需求量，可以在对劳动力市场优化的过程中起到引导与促进作用。此外，精准把握山西省高技术产业行业和经济社会发展对人力资源的需求情况，也能为高等教育的供给侧结构性改革提供一定的参考建议，对提升山西省高技术产业人力资源队伍素质具有实践意义。

第二节　研究思路与研究内容及方法

一、研究思路与研究内容

1. 研究思路

通过对大量图书的查阅发现目前关于高技术产业人力资源的研究多以理论研究为主，实证分析相对较少，并且采用的方法也相对陈旧。本书在收集了相关数据后，首先，运用回归分析和格兰杰因果关系分析对影响山西省高技术产业人力资源需求的因素进行深入研究，为预测指标的初选提供了有力支撑；其次，将集成学习和 GRA 方法引入产业人力资源需求预测中，对灰色 BP 神经网络模型进行优化，在其基础之上构建 GBP - Bagging 网络，并且将其成功运用在产业人力资源需求预测方面。GBP - Bagging 模型在复杂非线性关系的预测中有良好的表现，预测结果有效性更高，为产业人力资源需求预测提供了一种新方法。使用该模型进行的山西省高技术产业人力资源需求预测的结果更加可靠，从而可以提出更加具有针对性的对策建议。

所以本书吸取其他书籍的经验教训，综合运用定性分析和定量分析，首先，对山西省高技术产业发展现状、产业人力资源现状及其二者的协调性进行分析，发现目前存在人力资源总量不足、行业分布不均衡、人员老化、高素质人才短缺、科技人才缺失的问题；其次，对影响山西省高技术产业人力资源需求的因素进行分析，在遵循指标选择原则的同时确立科学的高技术产业人力资源需求影响因素指标体系，并运用回归分析和格兰杰因果关系检验进行实证分析，证明各影响因素均对高技术产业人力资源产生影响，可作为产业人力资源需求预测的初步指标；再次，运用 GBP - Bagging 网络构建山西省高技术产业人力资源需求预测模型，并从四个角度对 GBP - Bagging 模型的拟合结果与单一灰色 BP 神经预测模型的处理结果进行对比，进一步验证该预测模型在高技术产业人力资源需求预测领域的有效性，同时对 2018 ~ 2022 年山西省高技术产业人力资源和科技人力资源需求量进行预测及分析，表明未来山西省高技术产业人力资源需求将持续不断增加，并且对科技人力资源的需求更强烈；最后，针对性地从政府、企业及高校三方面提出了高技术产业人力资源开发培养的对策建议。

2. 研究内容

本书的研究内容主要分为以下几个部分：

第一章，导论。这一章分为三节，第一节主要介绍本书的研究背景、研究目的和意义；第二节阐述本书的研究思路、研究内容和研究方法；第三节对高技术产业人力资源现状、人力资源预测方法、神经网络及其改进模型和集成学习算法的国内外研究现状进行简单介绍。

第二章，高技术产业人力资源需求预测及技术理论分析。这一章分为两节，第一节界定人力资源预测、人力资源需求预测和高新技术产业人力资源需求预测的相关概念与特点；第二节从人力资本理论、灰色系统理论、神经网络理论、集成学习理论四个方面进行理论阐述。

第三章，山西省高技术产业及其人力资源现状分析。该章分为五节，第一节对高技术产业发展的自然、资源、经济、社会和政策制度环境进行概述；第二节对山西省高技术产业发展现状，包括高技术产业基本概况、产业产值结构和科技活动情况进行分析；第三节介绍了高技术产业人力资源现状的总量、质量和结构三个方面；第四节对山西省高技术产业与产业人力资源协调性进行分析，包括人力资源结构与产业结构、人力资源增长与产业发展两个方面；第五节主要介绍了山西省高技术产业人力资源目前存在的问题，比如人力资源总量不足、行业分布不均衡、存在老龄化的隐患等五个问题。本章主要对高技术产业的基本现状、产值结构现状和科研活动情况进行分析；对高技术产业人力资源数量现状、行业结构、年龄结构、素质结构以及产业科技人力资源的现状进行分析；并且用人力资源结构偏离度和动态协调度对二者的协调性进行分析；在此基础之上发现目前山西省高技术产业人力资源存在的问题。

第四章，山西省高技术产业人力资源需求影响因素实证分析。这一章分为两节，第一节对如何选取影响因素指标体系中指标进行详细说明；第二节介绍了影响因素中的数据来源及实证分析结果等。该章从内部因素和外部因素出发构建人力资源需求影响因素指标体系，采用回归分析和格兰杰因果分析的方法对影响山西省高技术产业人力资源需求的关键因素进行了深入分析，为人力资源需求预测模型输入变量的初步选取提供有力的理论依据。

第五章，山西省高技术产业人力资源需求预测模型构建及分析。该章分为四节，第一节是预测模型的选择；第二节是预测模型设计；第三节是预测模型验证；第四节是山西省高技术产业人力资源需求预测分析。本章主要介绍在灰色系统、神经网络和集成学习等相关理论的指导下，设计本书的GBP－Bagging 预测模型；以高技术产业中各行业人力资源需求预测为例，对预测准备、模型主要参数的确定，以及模型的训练和检验进行研究，并将本书模型与一般集成模型中预测效果较优的灰色 BP 神经网络模型进行对比分析，以证明模型的有效性。依据构建的 GBP－Bagging 模型，运用收集的相关历史数据，对山西省高技术产业各行业的 2018 ~2022 年人力资源以及科技人员的总量进行需求预测，对预测结果进行深入分析。

第六章，山西省高技术产业人力资源开发对策建设。这一章分成三个部分，分别从政府、企业和高校三个角度，结合目前的产业人力资源现状、问题以及对未来的预期，提出相应的人才开发对策建议。

二、研究方法

人才需求预测的原则有三点：一是与企业发展目标相匹配原则。只有这样才既能支撑业务目标的实现，又能保证全员劳动生产率的有效提高。二是实行核心业务倾斜原则。作为高科技企业，重点关注技术研发领域的专业人才需求，需求预测应向研发领域倾斜，加强专业人才的引进和储备。三是实行人员进出平衡原则。为鼓励资源向技术研发领域倾斜，应根据人员调出、退休、离职等情况决定是否予以补充非技术部门人员。

人力资源需求预测需要注意的几点要求：首先，预测要在内部条件和外部环境的基础上做出，必须符合现实情况；其次，预测是为企业的发展规划服务，这是预测的目的；再次，应该选择恰当的预测技术，预测要考虑科学性、经济性和可行性，综合各方面做出选择；最后，预测的内容是未来人力资源的数量、质量和结构，应该在预测结果中体现。

人力资源需求预测所涉及的变量与企业经营过程所涉及的变量是共同的。在明确组织雇员（包括一线员工和管理者）的技能和数量需求时，必须根据组织的特殊环境，认真考虑上述变量，应该把预测看成是完善周围的人力资源需求决策的一个工具。因为好的决策要求拥有尽可能多的信息，以保证对未来的预言更加精确，更加有效。

人力资源需求预测主要有定量预测法和定性预测法。其中，定量预测法又称为统计学方法，如比率分析法、回归分析法、经济计量模型等。定性预测法又称为判断法，主要依赖于人的经验和判断，是目前较为常见的预测方法，如主观判断法、德尔菲法等。定性预测要求管理人员必须具有丰富的经验和预测能力，同时需要有科学的定量数据来支持管理人员的主观判断。

人力资源定量预测方法是利用定量预测模型对企业未来人力资源的供给和需求进行预测，早期的定量预测手段主要有运筹规划法和线性回归方法等。随着企业生产和管理环境的发展变化，这些方法已经不能满足企业人力资源管理的要求，一些新的定量预测方法逐渐引入到企业人力资源的预测中来，这些新的预测方法的引进极大地丰富了企业人力资源预测的手段，使企业的人力资源预测适用范围更广，预测精度更高。定性预测方法应用于早期的人力资源预测，例如经验预测法、现状规划法、头脑风暴法、德尔菲法、定员法等，这些方法的优点是方法成熟、适用范围广、易于实行。但定性预测方法由于受到主观因素的影响，普遍预测精度不高，预测的连续性和对于复杂环境的处理能力不强。上述统计预测方法具有各自不同的特点，对预测的数据条件要求也不尽相同，有些预测方法还处于不断完善之中。

在本书中研究人力资源需求预测的方法综合运用了管理学、统计学、计量经济学以及机器学习等多领域的知识，具体采用的研究方法如下：

（1）文献分析法，是指通过对收集到的某方面的文献资料进行研究，以探明研究对象的性质和状况，并从中引出自己观点的分析方法。它能帮助调查研究者形成关于研究对象的一般印象，有利于对研究对象作历史的动态把握，还可研究已不可能接近的研究对象，如已去世的人。文献分析法的主要内容有：一是对查到的有关档案资料进行分析研究；二是对搜集来的有关个人的日记、笔记、传记进行分析研究；三是对收集到的公开出版的书籍刊物等资料进行分析研究。文献分析是要明白被分析文献“究竟讲什么”，以便给予检索标识。一般分两步：第一步，先找出文献论述的对象，再进一步查明是要论述该对象哪个方面的具体问题；第二步，先找出文献中涉及的各种概念，再进一步查明它们之间的关系，从而形成若干完整的主题。

由于文献分析法和内容分析法有共同的对象，都不与文献中记载的人与事直接接触，因此，都称为非接触性研究方法。内容分析法则通过对文献的定量分析，统计描述来实现对事实的科学认识。二者的区别是分析的重点与分析的手段方面有所不同。本书运用文献分析法，主要是通过查阅目前关于高技术产业、人力资源需求预测、神经网络、集成学习等领域的研究成果，为后续的研究提供理论支撑。

（2）统计分析法，是指把企业最近一段时间内生产该产品所耗工时的原始记录，通过一定的统计分析整理，计算出先进的消耗水平，以此为依据制订劳动定额的研究方法。指通过对研究对象的规模、速度、范围、程度等数量关系的分析研究，认识和揭示事物间的相互关系、变化规律和发展趋势，借以达到对事物的正确解释和预测的一种研究方法。

目前，数学已渗透到一切科技领域，使科技日趋量化，电子计算的推广和应用，量度设计和计算技术的改进和发展，已形成数量研究法，这已成为自然科学和社会科学研究中不可缺少的研究法。统计分析法就是运用数学方式，建立数学模型，对通过调查获取的各种数据及资料进行数理统计和分析，形成定量的结论。统计分析方法是目前广泛使用的现代科学方法，是一种比较科学、精确和客观的测评方法。其具体应用方法很多，在实践中使用较多的是指标评分法和图表测评法。统计分析法是根据企业的历史数据资料以及同类企业的水平，运用统计学方法来确定企业经营各方面工作的标准。用统计计算法制定的标准，便称为统计标准，其优点是方法简单，工作量小，缺点是定额的准确性及可靠性差。其缺点主要包括四点，一是对历史统计数据的完整性和准确性要求高，否则制定的标准没有任何意义；二是统计数据分析方法选择不当会严重影响标准的科学性；三是统计资料只反映历史的情况而不反映现实条件的变化对标准的影响；四是利用本企业的历史性统计资料为某项工作确定标准，可能低于同行业的先进水平，甚至是平均水平。本书运用的统计分析法，是以相关统计年鉴的数据为依据，对山西省高技术产业及人力资源现状进行现状分析，运用人力资源结构偏离度和动态协调度对二者之间的协调性进行分析。

（3）计量经济学方法，是指以一定的经济理论和统计资料为基础，运用数学、统计学方法与电脑技术，以建立经济计量模型为主要手段，定量分析研究具有随机性特性的经济变量关系的一门经济学学科。主要内容包括理论计量经济学和应用经济计量学。理论经济计量学主要研究如何运用、改造和发展数理统计的方法，使之成为经济关系测定的特殊方法。应用计量经济学是在一定的经济理论的指导下，以反映事实的统计数据为依据，用经济计量方法研究经济数学模型的实用化或探索实证经济规律。

与一般的数学方法相比，计量经济学方法有十分重要的特点和意义：研究对象发生了较大变化。即从研究确定性问题转向非确定性问题，其对象的性质和意义将发生巨大的变化。因此，在方法的思路、性质及结果方面，都将出现全新的变化；研究方法发生根本变化。计量经济学方法的基础是概率论和数理统计，是一种新的数学形式。学习中要十分注意其基本概念和方法思路的理解和把握，要充分认识其方法与其他数学方法的根本不同之处。计量经济学模型的结论是概率意义上的，也可以说是不太确定的。但真正要理解其不确定性的含义，并不那么简单，学习中需要始终关注这一点。理论计量经济学与应用计量经济学是存在差异的，理论计量经济学以介绍、研究计量经济学的理论与方法为主要内容，侧重于理论与方法的数学证明与推导，与数理统计联系极为密切。同时，理论计量经济学除了介绍计量经济学模型的数学理论基础和普遍应用的计量经济学模型的参数估计方法与检验方法外，还研究特殊模型的估计方法与检验模型。应用计量经济学则以建立与应用计量经济学模型为主要内容，强调应用模型的经济学和经济统计学基础，侧重于建立与应用模型过程中实际问题的处理。本书运用多元回归分析和格兰杰因果关系检验等计量经济学的方法，对影响山西省高技术产业的内部因素和外部因素进行深入分析。

（4）灰色系统方法，灰色系统理论研究的是贫信息建模，它提供了贫信息情况下解决系统问题的新途径。它把一切随机过程看做在一定范围内变化的、与时间有关的灰色过程，对灰色量不是从寻找统计规律的角度，通过大样本进行研究，而是用数据生成的方法，将杂乱无章的原始数据整理成规律性较强的生成数列后再作研究。灰色理论认为系统的行为现象尽管是朦胧的，数据是杂乱无章的，但它毕竟是有序的，有整体功能的，在杂乱无章的数据后面，必然潜藏着某种规律，灰数的生成是从杂乱无章的原始数据中去开拓、发现、寻找这种内在规律。

灰色系统方法是一种研究系统中既含有已知信息又含有未知信息的理论和方法。它是控制论的观点和方法延伸到社会、经济系统的产物，是自动控制科学与运筹学的数学方法相结合的结果。该方法的理论是由邓聚龙于 1982 年首先提出来的，后引起了国际上的普遍重视。它的提出及日臻完善为社会、经济等各个领域的系统分析提供了新的理论和方法。客观世界是物质的世界，也是信息的世界，既有大量已知的信息，又有许多的未知信息和非确知信息，未知的或非确知的信息，称为黑色的；已知信息称为白色的；既有已知信息又有未知的信息，称为灰色的。本方法研究的对象包括社会系统、经济系统、工程技术系统、管理系统、生命系统、生态系统等。

灰色系统理论考察和研究的对象是信息不完备的系统，通过已知信息来研究和预测未知领域从而达到了解整个系统的目的。具有能够利用“少数据”建模寻求现实规律的良好特性，可有效克服数据不足或系统周期短的矛盾。灰色预测是灰色系统应用的一个重要方面。常用的灰色预测模型有 GM(1，1)、GM(2，1)、GM(1，N) 三种。本书中 GM(1，N) 模型被作为对比测试模型进行了计算分析，书中主要运用灰色系统理论中的灰色关联性（GRA）分析对预测模型的关键特征变量进行筛选，运用 GM(1，1) 模型组成预测模型的灰处理部分。

（5）机器学习方法：机器学习是一门多领域交叉学科，涉及概率论、统计学、逼近论、凸分析、算法复杂度理论等多门学科。专门研究计算机怎样模拟或实现人类的学习行为，以获取新的知识或技能，重新组织已有的知识结构使之不断改善自身的性能，是人工智能的核心，是使计算机具有智能的根本途径，其应用遍及人工智能的各个领域，主要使用归纳、综合而不是演绎。机器学习理论主要是设计和分析一些让计算机可以自动“学习”的算法。机器学习算法是一类从数据中自动分析获得规律，并利用规律对未知数据进行预测的算法。因为学习算法中涉及了大量的统计学理论，机器学习与统计推断学联系尤为密切，也被称为统计学习理论。

本书主要运用机器学习方法中，BP 神经网络和 Bagging 算法共同构建预测模型的神经网络集成部分。BP 网络是 1986 年以 Rumelhart 和 McCelland 为首的科学家小组提出的，是一种按误差逆传播算法训练的多层前馈网络，是目前应用最广泛的神经网络模型之一。BP 网络能学习和存贮大量的输入—输出模式映射关系，而无须事前揭示描述这种映射关系的数学方程。BP 神经网络，即误差反向传播算法的学习过程，由信息的正向传播和误差的反向传播两个过程组成。输入层各神经元负责接收来自外界的输入信息，并传递给中间层各神经元；中间层是内部信息处理层，负责信息变换，根据信息变化能力的需求，中间层可以设计为单隐层或者多隐层结构；最后一个隐层传递到输出层各神经元的信息，经进一步处理后，完成一次学习的正向传播处理过程，由输出层向外界输出信息处理结果。当实际输出与期望输出不符时，进入误差的反向传播阶段。误差通过输出层，按误差梯度下降的方式修正各层权值，向隐层、输入层逐层反传。周而复始的信息正向传播和误差反向传播过程，是各层权值不断调整的过程，也是神经网络学习训练的过程，此过程一直进行到网络输出的误差减少到可以接受的程度，或者预先设定的学习次数为止。BP 网络模型包括其输入输出模型、作用函数模型、误差计算模型和自学习模型。

Bagging 算法是一种用来提高学习算法准确度的方法，这种方法通过构造一个预测函数系列，然后以一定的方式将它们组合成一个预测函数。Bagging 要求"不稳定"的分类方法，所谓的不稳定是指数据集的小的变动能够使得分类结果的显著变动。如决策树、神经网络算法。其基本思想是给定一个弱学习算法和一个训练集；单个弱学习算法准确率不高；将该学习算法使用多次，得出预测函数序列，进行投票；最后结果准确率将得到提高。

第三节　国内外研究现状

一、关于高技术产业人力资源现状的研究

1. 国外研究现状

关于人力资源理论，国外研究相对较为成熟，古典经济理论一直围绕人力资本与劳动力价值理论问题开展研究，随着理论模型与数理和计量经济学科的发展，特别是 20 世纪 50 年代以来，人力资源理论研究得到快速发展。总体来看，国外学者关于人力资源存量及其合理配置问题的研究成果大致集中在如下三个方面：

第一，关于人力资源与经济增长关系的相关研究。经济学界关于人力资源与

经济增长关系的研究由来已久，人力资源概念始见于古典政治经济学家威廉·配第，他提出“土地是财富之母，劳动是财富之父”的观点，肯定了劳动者即人力资源的经济价值，尤其是他提出的劳动者的素质决定了劳动者劳动能力的差异这一观点是人力资源内涵的雏形。亚当·斯密的《国富论》一书中提出：“学习是一种才能，须受教育、须进学校、须做学徒，所费不少。这样费去的资本好像已经实现并且固定在学习者的身上。这些才能，对于他个人自然是财产的一部分，对于他所属的社会，也是财产的一部分。”他的观点将通过教育或培训所形成的能力固化为劳动力所拥有的资本，明确了早期人力资源概念的内涵。之后约翰·穆勒、马歇尔等经济学家对人力资源概念也都进行了阐述，但综观古典经济学阶段，对人力资源的关注有限，并未形成完整的人力资源思想，古典经济学阶段被视作人力资源理论的萌芽阶段。20 世纪五六十年代，随着欧美、日本等国家经济的飞速发展，经济学家们从资本增量角度分析经济增长时发现物质资本增量不足以解释经济的飞速增长现象，经济学家们意识到传统的经济增长理论已不适用于解释当时欧美、日本等国的经济飞速增长现象，理论界开始尝试从不同角度展开研究。在此种背景下，人力资源理论逐渐形成并不断完善。经济学家西奥多·舒尔茨是现代人力资源理论的奠基人，被视为“人力资源理论之父”。他在《人力资本投资》《教育与经济增长》《对人投资的思考》等著作中将人力资源视为影响经济增长的重要因素并展开探讨，形成系统的人力资源理论。Schultz（1961）指出，资本不仅仅是有形的物质资本，也体现在劳动者身上形成无形的资本，即形成人力资源从而增加国家的资本存量影响经济增长。[①] 他认为在各类投资中人力资源投资回报率最高，国家通过加大教育投资可以有效提升人力资源存量，达到促进经济增长的最终目标。舒尔茨（1961）的人力资源理论侧重于从国家层面的宏观分析，分析人力资源形成时忽略了对微观方面内因的探讨，具有一定局限性。[②] 经济学家加里·贝克尔（Gary Becker）在《人力资本》一书中从家庭生产和个人资源分配的微观层面对人力资源展开探讨，弥补了舒尔茨理论的不足。

第二，关于人力资源配置问题的研究。Simon Kuznets（1971）通过深入研究产业结构调整、优化与劳动力流动之间的关系之后指出，区域劳动者工资收入的提高在一定程度上来自其从待遇较低的产业向待遇较高的产业流动的结果，并且他估算出人均收入增长比例的 40% 来自于区域内的劳动者在待遇不同的产业之

---

①② Schultz. Theodore W. Education and Economic Growth，in Social Forces Influencing American Education［M］. NB Henry Chicago：University of Chicago Press，1961.

间的流动。[①] 加里·贝克尔（1987）利用“人力资本—物质资本”收益模型详细分析了人力资本在生产过程中的相对优势之后指出，当劳动力与物质资本存量之和的边际产出小于人力资本存量的边际产出时，人力资本的比较收益才有可能得到提升，同时他还认为要想避免陷入“以适龄劳动人口数量增加为主要手段的地区经济发展陷阱”，就一定要在人力资本比较收益的提升上采取相应的措施。[②] David 等（2004）分析了两种类型（技能型与知识型）人力资源在不同配置状态下的竞争与合作关系，他们指出对于企业的良好发展来讲，两种类型的人力资源的重要性是相同的，问题的关键在于二者之间的配置比例是否合理，对于企业的不同发展阶段来讲，如果二者之间的配置状态与该阶段发展相适应时，这两种类型人力资源合作的收益就高，当二者之间的配置状态与该阶段发展不相适应时，二者之间的竞争就会加剧，且其产出收益都会有不同程度的降低，因此，人力资源配置的合理性对企业发展至关重要。[③] Neville Jiang 和 Rui Zhao（2003）分析了基于“城市外部效应”的人力资源配置与政策选择问题，他们把人力资源划分为低等级人力资源和高等级人力资源两种，由于城市外部效应的存在，导致农村与城市相比其生产力水平和产出效率都较低。因此，为了保持和提升其外部效应，在鼓励高等级人力资源留在城市的同时要对低等级人力资源向城市的流动采取一定的限制手段和措施，我国的户籍制度也属于该政策的范畴。[④]

第三，关于人力资源配置对地区经济增长的影响研究。Galor 和 Tsiddon（1997）通过研究技术进步、人力资源配置和经济发展三者之间的关系后指出，不仅技术进步对地区经济增长表现出显著的正面影响作用，且合理的人力资源配置状态也是促进地区经济发展的重要因素之一。[⑤] Marcel Fafchamps 等（1997）分析了人力资源存量积累对巴基斯坦农业经济增长的影响后指出，在巴基斯坦的农业产业内，受教育程度较高的农业劳动者的比较收益与受教育程度较低的农业劳动者相比并未表现出显著的优势，且他通过进一步研究后发现，在巴基斯坦农业产业内人力资源存量的积累与增加并未明显提升了农业生产效率，而是促进了国内农业部门劳动者向非农业部门的流动与迁移，要想提高本国人力资源的比较

---

① Simon Kuznets . Economic Growth of Nations: Total Output and Production Structure ［M］. Boston (USA): Harvard University Press, 1971.

② 加里·贝克尔. 人力资本——特别是关于教育的理论与经济分析［M］. 北京：北京大学出版社，1987：1-3.

③ De La Croix, David and Matthias Doepke. Inequality and Growth: Why Differential Fertility Matters［J］. American Economic Review, 2004, 93 (4): 1091-1113.

④ 刘志刚. 人力资本配置对经济增长的意义分析［J］. 商场现代化，2008（32）：274-275.

⑤ Galor O, Tsiddon, D. The Distribution of Human Capital and Economic Growth［J］. Journal of Economic Growth, 1997 (2): 93-102.

收益，必须要积极调整和优化国内产业结构，以实现人力资源的合理配置。①

不同发展阶段的高技术产业的人力资源情况不同，对人力资源需求类型也不尽相同，而在目前高技术产业发展中，产业人才短缺是普遍制约产业发展的关键问题。高技术产业必须重点关注科技创新，注重研究与开发，只有这样才能取得成功。Dubiel 等（2013）的研究表明：研发实验室的建设对促进高技术产业发展有很大帮助。② Tai 等（2006）在研究中也发现高科技产业的持续发展依靠的是拥有专业知识和技术技能的复合型人才。③ 由此可见，人才在现阶段战略性新兴产业中的重要地位，能否解决人才短缺的问题将会直接影响到产业的发展与繁荣。

通过对国外学者关于人力资源问题研究的梳理和总结，本书发现其主要观点集中在以下几个方面：第一，相对于单纯的人力资源存量的积累，人力资源配置的均衡性、合理性对地区经济增长的作用也不容忽视；第二，影响地区经济发展差距最为重要的原因是地区人力资源管理上的明显差异；第三，人力资源的自由流动能够提升人力资源配置的合理性与均衡性，人力资源管理的失位不仅会降低人力资源的使用效率，而且会进一步对地区经济增长带来负面影响；第四，一个国家或地区产业结构的调整与优化、完善的教育培训体系和与人力相关的政策对区域内人力资源的管理会产生显著的影响。值得注意的是，上述这些国外学者的研究成果绝大多数都是以资本主义国家的自由市场经济为研究背景的，在这些国家里人力资源的自由流动几乎不会受到政府机构的干预与限制，因此其人力资源分配不合理问题的严重程度要远远小于我国，我国国内人力自由流动受阻现象和地区人力市场分割现象依然较为严重，所以地区人力资源配置问题才彰显得更为突出，更需要得到更多的关注，更需要做进一步详细的分析与研究。

2. 国内研究现状

后危机时代，各国都加快了创新战略布局，以抢占新一轮全球科技和经济发展的制高点。由于资金、技术等资源能迅速地被竞争对手乃至潜在竞争对手模仿，成为竞争优势的可能性越来越小，而人才则因为具有很强的背景和路径依赖性，从而成为推动产业和经济社会发展的内生资源和创新要素。各国也纷纷制定了各种人才计划，加强人才战略部署。2013 年以来，美国、日本、欧盟等 20 多个国家和地区启动了 100 余项专门人才计划，这些计划的实施引发了全球范围的

① Marcel Fafchamps, Agnes R. Quisumbing. Human Capital, Productivity and Labor Allocation in Rural Pakistan [D]. FASID Discussion Paper Series onInternational Development Strategies. Tokyo: Foundation for Advanced Studies on International Development, 1997: 19 – 46.

② Dubiel A, Ernst H. Industrial R&D Centers in Emerging Markets: Motivations, Barriers, and Success Factors [M]. The Offshoring Challenge. Springer London, 2013: 191 – 209.

③ Tai D, Wang R. A Framework for Human Resources Development in Taiwan's High Tech Industry [J]. World Transactions on Engineering & Technology Education, 2006, 5 (1): 221 – 224.

人才竞争，也再次证明了人力资源对于社会经济发展的重要作用。然而，从全球范围来看，人才资源与经济社会发展不平衡的现象依然普遍存在，造成的损失非常严重，人才的供需矛盾突出，无法充分释放人才活力，因此对于人才需求的预测研究也就有了重要的理论和实践意义。

“十一五”时期是高技术产业能否取得突破性进展的重要阶段，而能否培养好、吸引好、利用好高技术产业所急需的高技术研发人才、高技能生产人才和高层次管理人才，是该产业能否成长为国民经济战略性支柱产业的关键。首先，高技术产业在其发展过程中对高级科技研发人员的需求越来越大。1997～2002年，排除经济不稳定因素的影响，随着高技术企业劳动生产率的提高和研发经费投入的增多，高级研发人员（如科学家、工程师）需求的增长趋势越来越明显，工程技术人员的需求不断增大，对经营管理人才的需求在波动中趋于稳定。

“十二五”期间，我国高技术产业和战略性新兴产业发展呈现出产业规模不断扩大、产业竞争力不断增强、产业组织结构不断演化的态势，但产业发展也面临着“产业低端化、技术空心化、市场边缘化”“融资难、融资贵”、政策举措的“针对性、协调性、系统性”有待进一步完善的问题。特别是自2012年以来，在中国经济发展进入新常态之际，我国高技术产业和战略性新兴产业发展也呈现出产业增速平稳增长、逐步发展成为工业增长重要支撑力的阶段性变化态势，但产业发展也面临着增速放缓、增长质量难以迅速提升的压力。

“十三五”时期，我国高技术产业和战略性新兴产业面临着劳动力红利弱化、借贷成本难以下降、创新能力提升难度加大、需求规模增速放缓的困扰，同时，也面临着政策环境持续优化的机遇。总体而言，产业发展将会陷入既有优势（低成本竞争优势）快速消失、新的动力（高生产率竞争优势）难以快速形成的窘境；增速将进入次高增长阶段，比重趋势性上升的可能性较大。主要政策和措施方面，建议完善组织结构以强化协调性、全局性，政策分类指导以突出针对性、规范性，提升创新能力以确保产业发展竞争力，加大金融支持以保障产业发展活力。可以预见，“十三五”期间中小创新型企业在债务融资市场上也还将持续处于弱势地位，融资难的问题还将长期存在。

就学术角度来看，根据知网的检索结果，从2011年至今以高技术产业人力资源为主题的论文数量有260余篇。其研究的方面主要包括：人才开发策略、人才培育、人力资源支撑体系、人力资源预测等其他方面。熊斌等（2010）针对我国高技术产业科技人力资源开发中的问题，提出了采取开发政策制定、高层次人才开发、人力资源合理流动及“产学研”深化合作等策略。① 阳立高等（2013）

① 熊斌，葛玉辉．推动战略性新兴产业发展的科技人力资源开发研究［J］．中国人力资源开发，2010（8）：5－8.

通过对湖南省战略性新兴技术产业骨干企业进行调研，发现了产业人才开发中存在人才观念落后、人才政策不完善、人才培养模式不合理和激励机制不科学等诸多问题。① 刘洁（2013）通过对广东省战略性新兴产业人才培养现状的研究，提出人才培养需与地方经济发展相协调。② 李德煌等（2014）针对高技术产业人才发展的现状与问题，提出区域人才发展规划要结合高技术产业发展规划，以切实保障区域性战略性新兴产业发展。③ 此外，王亚男等（2016）分析了区域人力资源生态系统对核心竞争力作用机理的影响。④

二、关于人力资源预测方法的研究

1. 国外研究现状

Van Winkel（1979）针对人力资源需求预测这个问题提出了需求量预测的模型。他认为人力资源需求预测模型应该分为两类：一类是基于人力资源趋势而进行外推的各种模型，也就是单变量模型；另一类是人力资源的需求会根据企业组织的环境以及其他情况的变化而产生变动的需求量模型，也就是多变量模型。⑤

Brown、Box、Jenkies 则分别在 1963 年、1970 年针对人力资源需求预测相关问题进行了自回归模型的预测方法的分析与论证，其研究的重点主要集中在对自回归模型预测方法在人力资源需求预测的实际运用之上。并在分析论证的过程中强调，单变量的预测模型在人力资源需求预测中只能够粗略的对一个企业的人力资源需求总量进行预测，并且预测的精确度并不是很高。而多变量的预测模型，则能够根据企业组织对人力的需求量的当前值以及其产出水平等因素进行预期变动模型的建立，这样的预测更加精确，不仅仅是停留在企业对于人力总量需求的预测之上，还能够通过多元回归模型的建立进行经济性的预测。⑥

Lwerneec 和 Mikeovith Annon 分别在 1975 年、1972 年对基于德尔菲法的人力需求预测进行了深入探讨，在探讨中以德尔菲法为人力资源需求预测的理论研究基础，对其具体的应用以及在应用中需要注意的方面都进行了全面系统的阐述，

---

① 阳立高，贺正楚，韩峰．湖南省战略性新兴产业人才需求预测及对策［J］．中国科技论坛，2013，1（11）：85－91.

② 刘洁．广东省战略性新兴产业高技能人才培养对策研究［J］．科技管理研究，2013，298（24）：129－132.

③ 李德煌，彭笑一．战略性新兴产业区域人才发展对策研究［J］．中国统计，2014（2）：48－50.

④ 王亚男，王宏起，朱磊．区域战略性新兴产业人力资源生态系统对核心竞争力的作用机理［J］．科技管理研究，2016，36（9）：253－260.

⑤⑥ 彭海燕．企业知识员工动态稳定控制方法研究［D］．中国科学技术大学，2008.

对于德尔菲法进行了进一步的完善。①

综上所述，以上研究基本都是对人力资源需求预测的相关理论的完善，此外，在有关人力资源需求预测的实践方面，国外的学者也从不同的角度进行了探讨。

Duri（1963）针对回归模型进行了其实践应用的研究，在具体的研究中他采用多变量模型针对企业的财务部分人员的需求进行了预测的研究，并且其在变量的选择中主要涉及了企业总雇佣人员的数量，直接财务工作人员的数量，销售额以及人员所处理的报表的数因等。Young 和 Vassilion（1974）在企业人力资源需求预测的相关研究中利用自回归模型进行相关的预测研究。Purkiss（1974）从人力需求量的当前值、过去值以及企业产出的水平变动入手，在此基础上建立了人力资源需求预测的相关模型，并且将这个模型应用到当时英国钢铁行业之中。Rownerte 和 Stewart（1976）以时间为变量进行趋势外推的研究中建立了指数模型需求预测方法。在具体的预测中主要是以 $M = a \cdot ebt$ 这个预测指标为模型，进行了需求预测的研究。在这个模型中 M 所代表的是企业的人力资源需求量，t 则为时间变量，a、b 则为参数。Laap 和 Thompsnon 在 1977 年对人力资源需求预测的研究中，针对单一的国民生产总值以安大略工程师的需求为对象进行了其需求预测的研究。②

人力资源预测的方法主要分为定性预测方法和定量预测方法。定性预测方法以德尔菲法最为典型，相比较而言定量预测方法的应用更为广泛。Kamal 等（2000）建立回归人力资源需求预测的多元回归模型。③ Rojas 等（2003）对单变量时间序列预测模型、多元回归模型等人力资源需求预测模型进行了对比分析，对各模型的适用性进行了总结。④ Lavieri 和 Puterman（2009）以护士作为研究对象，构建了灵活有效的线性等级规划预测模型。⑤

2. 国内研究现状

科学有效的预测方法能满足企业生存发展过程中对人力资源的需求，进而获得和保持企业的竞争优势。新型定量预测方法的出现和信息技术的发展极大地拓展了人力资源需求预测的种种可能，预测技术逐步向高级预测技术阶段发展。因此，选取科学有效的预测方法，提高预测精确度，对企业人力资源需求预测尤为

①② 彭海燕．企业知识员工动态稳定控制方法研究［D］．中国科学技术大学，2008.

③ Kamal M. Al, Subhi Al, Harbi. Optimization of Staff Numbers in the Process Industries：An Application of DEA［J］. International Journal of Manpower, 2000, 21（1）：47－60.

④ Rojas E M, Aramvareekul P. Is Construction Labor Productivity Really Declining?［J］. Journal of Construction Engineering & Management, 2003, 129（1）：41－46.

⑤ Lavieri M S, Puterman M L. Optimizing Nursing Human Resource Planning in British Columbia［J］. Health Care Manag Sci, 2009, 12（2）：119－128.

重要。人力资源供求缺口是反映一个国家或者地区人力资源利用状况的重要指标，对未来人力资源供求缺口的研究离不开对人力资源供给量和需求量的预测，而预测方法的选取对预测结果将产生重要影响。

对人力资源需求的预测也主要有两种方法：一是运用已有的历史数据计算出历年的就业弹性，结合定性分析给出所预测年份的就业弹性的估计值，再结合经济增长率的估计，进而计算出预测年份的就业增长率，最终得到人力资源的需求数量。周祝平（2007）在用就业弹性法对北京市2006～2030年人力资源需求进行预测时，将就业弹性分为城镇就业弹性和农村就业弹性，然后分别对城镇和农村的就业需求进行测算，最后进行汇总得到总的就业需求量。① 蒋茜和孙兵（2011）将计算出的我国1995～2009年的平均就业弹性0.116作为预测未来人力资源需求的基数，并将我国的GDP增长率设置为8%、9%和10%三个水平进行预测，因而得出了未来十年我国人力资源的需求量以及每年的需求增量。② 二是通过建立回归模型预测，比较常见的是建立GDP与人力资源总量的一元回归模型。武晓萍（2000）通过将三大产业的实际就业量和分产业的GDP作非线性回归，得到三大产业的就业人数与GDP的函数关系式，进而预测出了三大产业未来的人力资源需求数量。③ 俞章盛和黄晨熹（2001）在对上海市"十五"时期劳动就业容量进行研究时，分别用可比价的GDP和当年价的GDP与就业需求数量做回归分析，择优选用，运用广义差分法消除了自相关，并在不同GDP增长速度的估计下得出了高低两个不同的预测方案。④ 白雪梅和丁韦（2007）在建立城镇劳动力需求量对GDP的经济计量模型时引入了政策因素，将时间作为虚拟变量，并采用加权最小二乘法有效地修正了模型，拟合效果比较理想。⑤

人力资源供求预测方法研究表明，虽然不同的研究学者采用的预测方法不同，但并不能绝对地肯定或者否定某一种方法，有的学者为了提高预测的精确性，综合采用了多种方法，但其最终目标是为分析人力资源供求缺口以及提出调控未来人力资源供求量的相关策略做铺垫。

从文献图书等方面进行检索，就近五年学者关于人力资源预测的论文数量累计有2200余篇，其研究的主要方面包括人力资源需求、供给预测、人力资源结构预测和人力资源风险预测四个方面。本书重点关注人力资源需求预测方面的研

---

① 周祝平．北京市劳动力供求趋势预测［J］．北京社会科学，2007（3）：32－37.

② 蒋茜，孙兵．我国劳动力市场的供求趋势预测［J］．经济纵横，2011（5）：43－46.

③ 武晓萍．中国未来劳动力就业趋势研究［J］．南方人口，2000，15（1）：50－55.

④ 俞章盛，黄晨熹．"十五"时期上海市劳动就业容量与结构预测［J］．人口学科，2001，（1）：24－27.

⑤ 白雪梅，丁韦．"十一五"期间辽宁省城镇劳动力供求趋势分析［J］．统计与信息论坛，2007，22（3）：15－19.

究。华瑶等（2009）建立了混沌动力学预测模型，并通过实例证明了该模型在预测方面的有效性。[①] 肖利哲等（2010）结合因子分析法与回归分析法建立预测模型，并对人力资源供需预测问题进行虚拟仿真。[②] 张平（2011）以辽宁地区产业集群为例，采用 ARIMA 方法对产业集群的劳动力需求趋势进行分析。[③] 周永华等（2013）以新疆地区人力资源为研究对象，建立人力资源灰色预测模型，并运用残差检验、关联度检验和均方差检验进行模型检验，保证预测结论的可靠性。[④] 邢洁等（2012）以天津滨海新区的从业人员为研究对象，采用灰色预测模型的改进型——IGM 模型，进行从业人员的需求预测，并且运用后验差检验法对预测结果进行了验证。[⑤] 蒋蓉华等（2011）采用串联型灰色 BP 神经网络模型为研究工具，对企业的人力资源需求量进行预测。[⑥] 黎立博等（2016）运用马尔可夫链模型，构建了人力资源总量与结构预测模型，并运用该模型对企业 2013 ~ 2022 年的人员总量、人力资源结构进行了预测，为企业制定人力资源规划提供了可靠的依据。[⑦] 谭旭等（2012）为解决军队专业结构补充与交流问题，构建了以专业结构预测模型为核心的基于单位树的递归式预测模型。[⑧]

三、关于神经网络及其改进模型的研究

1. 国外研究现状

宏观经济预测中，传统的方法主要有时间序列分析方法和多元回归方法。近年来，随着人工神经网络技术的成熟以及计算机科学技术的发展，人工神经网络算法在宏观经济预测中的应用也越来越多。

宏观经济预测中，收集到的历史数据一般都是时间序列数据。时间序列是指

---

① 华瑶，俞明传，乔志强．非线性混沌动力学在电力企业人力资源需求预测应用研究［J］．生产力研究，2009（18）：164－165.

② 肖利哲，乔毅红，沈英，等．多元回归模型在企业人力资源规划中的应用［J］．科技与管理，2010，12（4）：123－125.

③ 张平．基于辽宁产业集群建设的人力资源需求预测——ARIMA 模型的运用［J］．大连理工大学学报（社会科学版），2011，32（1）：36－41.

④ 周永华，刘燕，苏永杰．基于 GM（1，1）模型的新疆人力资源需求预测分析［J］．新疆大学学报（哲学·人文社会科学汉文版），2013（4）：25－29.

⑤ 邢洁，刘芳．基于 IGM 模型的人力资源需求的灰预测分析［J］．统计与决策，2012（20）：92－94.

⑥ 蒋蓉华，曹琦．基于灰色 BP 神经网络的企业人力资源需求预测［J］．中国人力资源开发，2011（11）：42－46.

⑦ 黎立博，邬文兵，张明玉．基于 Markov 过程的人员规模与结构预测模型及实证研究［J］．中国软科学，2016（6）：143－153.

⑧ 谭旭，张少丁．军队人力资源专业结构需求预测模型研究［J］．工业工程与管理，2012，17（2）：102－108.

将同一统计变量的数据，按照发生的时间先后顺序进行统一排序而形成的数列。研究时间序列的目的是通过对历史数据的分析，发现数据间的内在联系，从而对未来的数据进行预测。时间序列的建模与预测技术起步于20世纪80年代，大多用统计回归模型对连续的时间序列进行预测；另外一种应用较为广泛的分析方法是自回归移动平均模型（ARMA）方法和自回归求和移动平均模型（ARIMA）方法，其基本思想是：对于非平稳的时间序列，通过多次的差分使其成为平稳时间序列，再将序列表示为白噪声和过去某一点的移动平均组合。国内外学者对线性时序已经进行了大量的研究，ARMA等线性时序模型目前已经相对成熟。

另外一种主流的预测方法就是多元回归，也称为向量自回归（VAR）方法。向量自回归方法作为一种常用的计量经济研究方法，是由克里斯托弗·西姆斯（Christopher Sims）于1980年提出的一种常用的计量经济研究方法。向量自回归是基于数据的统计性质建立模型，通过系统中的所有内生变量作为系统中所有内生变量的滞后值的函数来构造模型，不需要任何的时间约束条件，近年来广泛地应用于经济预测。

以上传统的方法是经济预测领域的主流方法，都属于利用线性模型模拟现实生活中的复杂系统来做出预测，因而在处理复杂非线性系统问题时往往得不到一个好的结果。大量的学者和研究人员注意到线性模型的局限性，把研究方向转向了非线性模型。非线性模型研究初期，人们还是习惯性地依赖于传统的模型研究思想。传统预测方法的一般思路是通过对系统的变化进行观察分析设定模型，然后对模型进行估计检验，最后选择最佳模型。通常经济历史数据具有非常复杂的非线性时序数据，采用传统的方法预测往往面临很多问题。

有学者对前期提出的Boosting进行了改进。它产生了一系列的个体神经网络，其训练集由前者的性能决定。由以前网络错误预测的训练实例将在稍后网络的训练中起更重要的作用。还有许多其他方法用于训练神经网络集成。Hampshire、Waibel（1990）利用不同的目标函数来训练不同的组件神经网络。[①] Cherkauer（1999）训练具有不同数量的隐藏单元的个体网络。[②] Maclin、Shavlik（1999）在权重空间的不同点初始化个体网络。[③] Krogh、Vedelsby（1995）采用

---

① Hampshire J B, Waibel A H. A Novel Objective Function for Improved Phoneme Recognition Using Time – delay Neural Networks [J]. IEEE Transactions on Neural Networks, 1990, 1 (2): 216 – 228.

② Cherkauer K J. Human Expert – Level Performance on a Scientific Image Analysis Task by a System Using Combined Artificial Neural Networks [J]. Working Notes of the Aaai Workshop on Integrating Multiple Learned Models, 1999: 15 – 21.

③ Maclin R, Shavlik J W. Combining the Predictions of Multiple Classifiers: Using Competitive Learning to Initialize Neural Networks [C] // Fourteenth International Joint Conference on Artificial Intelligence, 1999: 524 – 530.

交叉验证来创建个体网络。[①] Opitz、Shavlik（1996）利用遗传算法来训练基于知识的个体网络，至于集成个体神经网络的预测，最主要的方法是分类任务的多个投票或多数投票，回归任务的平均值或加权平均值还有许多其他方法用于组合预测。[②] Sammut 等（2011）利用学习系统来组合分量预测。[③] Merz、Pazzani（1997）采用主成分回归来确定组合其预测的组分网络权重的适当约束。[④] Jimenez（1998）使用由个体网络的置信度确定的动态权重来组合预测。[⑤] Ueda（2000）利用最优线性权重来组合基于统计模式识别理论的分量预测。[⑥] 在整个预测和分类过程中，模型集成具有优于选择单个模型的优点，不仅体现在准确性和误差变异性方面，而且还简化了模型建立和选择。

在面对复杂非线性问题无法解决的情况下，人们开始跳出传统的方法寻找新的研究方法。人类的大脑可以非常迅速地处理各种复杂的非线性问题，研究人员受到启发，想到了如何模拟人脑去处理复杂的非线性问题。20 世纪 40 年代，心理学家 W. S. McCulloch 和数理逻辑学家 W. Pitts 在研究人脑神经元的基础上，首次在电路板上用阶跃阈值函数实现了神经网络模型，即 MP 模型。50 年代感知器模型和自适应线性模型被相继提出。推动了神经网络的发展，从而开创了人工神经网络研究时代。随着计算机技术的发展，80 年代 Hopfield 神经网络和 BP（Back Propagation）神经网络相继被提出。到了 90 年代 Vapnik 等（1995）提出了支持向量机算法（Support Vector Machines，SVM），人工神经网络开始进入一个快速发展时期。人工神经网络的发展过程中，Lapedes 等（1987）首先将人工神经网络算法应用于时间序列预测，开创了人工神经网络预测时间序列问题的先河，随后人工神经网络开始被大量应用到预测实践中。[⑦] Matsuba 等（1991）应用神经网络对股票价格进行预测，取得了成功。人工神经网络目前还广泛应用于

---

① Krogh A, Vedelsby J. Neural Network Ensembles, Cross Validation, and Active Learning [J]. Advances in Neural Information Processing Systems, 1995, 7 (10): 231 - 238.

② David W Opitz, Jude W Shavlik. Actively Searching for an Effective Neural Network Ensemble [J]. Connection Science, 1996, 8 (3/4): 337 - 354.

③ Sammut C, Webb G I. Stacked Generalization [J]. Neural Networks, 2011, 5 (2): 241 - 259.

④ Merz C J, Pazzani M J. Combining Neural Network Regression Estimates with Regularized Linear Weights [C]. Petsche (Eds.), Advances in Neural Information Processing Systems 9, 1997: 564 - 570.

⑤ Jimenez D. Dynamically Weighted Ensemble Neural Networks for Classification [C]. IEEE International Joint Conference on Neural Networks Proceedings, 1998. IEEE World Congress on Computational Intelligence. IEEE Xplore, 1998 (1): 753 - 756.

⑥ Ueda N. Optimal Linear Combination of Neural Networks for Improving Classification Performance [J]. IEEE Transactions on Pattern Analysis & Machine Intelligence, 2000, 22 (2): 207 - 215.

⑦ Lapedes A S, Farber R F. Nonlinear Signal Processing Using Neural Networks: Prediction and System Modeling [C]. IEEE International Conference on Neural Networks, San Diego, CA, USA, 1987.

股票价格、股市指数、汇率、大宗商品价格预测、企业财务状况预警、交通客流预测等方面。①

目前，学者在人工神经网络在时间序列预测和回归预测中进行了大量的研究。有学者基于神经网络集成的GDP预测模型，将人工神经网络应用于GDP预测；有的用基于主成分分析的支持向量机算法对区域经济进行了预测；有的将BP神经网络应用于我国的CPI预测；还有的用支持向量机对经济发展水平进行了预测。② 喻胜华等（2016）提出了基于主成分分析和贝叶斯正则化的BP神经网络的GDP预测模型。③ 刘向荣等（2013）提出了基于附加动量法的BP神经网络CPI运行预测研究模型。④ 大量研究结果表明，人工神经网络算法可以成功地应用于宏观经济预测。

Miller等（1989）提出进化计算是一个非常好的候选空间用于搜索拓扑空间，因为与该空间相关的适应度函数是复杂、噪声、不可分、多模态和差异性的。⑤ 几乎所有的当前模型试图开发一个全局体系结构，这是一个非常复杂的问题。虽然，在开发模块化网络中已经做了一些尝试，但在大多数情况下，模块仅在进化过程完成后才合并，而不是遵循合作的共同模型，几乎没有研究者专注于子网络的协作共同演化。一些研究者将这种协作演化（其中个体必须协作以实现良好的性能）称为共生演化，即来自不同物种的两个个体的合作，有利于促进两个个体演化。Smalz和Conrad（1994）提出了一种协作模型，在这个模型中有两个群体：一个隐藏节点群，一个个体网络群，两个群体分别进化。⑥ Whitehead和Choate（1996）提出了基于径向基（RBF）神经网络的协作竞争的模型。其使用的节点分配仅限于类RBF网络，很难适应其他类型的网络。⑦ Opitz和Shavlik（1996）提出了一种ADDEMUP模型，他们通过遗传算法搜索了一组个体网络种群，并将网络在一个整体中与线性组合相结合，鼓励网络之间的竞争，增加每个

---

①② 王永杰．人工神经网络算法在GDP和CPI中的预测应用［D］．中北大学，2017.

③ 喻胜华，张静．基于Lasso和BP神经网络的组合预测及其应用以居民消费支出预测为例［J］．财经理论与实践，2016（1）：123－128.

④ 刘向荣，孙红英．基于改进的BP神经网络中国CPI运行预测研究［J］．数学的实践与认识，2013，43（6）：1－8.

⑤ Miller G F, Todd P M, Hegde S U. Designing Neural Networks Using Genetic Algorithms［C］. Proceedings of the Third International Conference on Genetic Algorithms. Morgan Kaufmann Publishers Inc., 1989: 379－384.

⑥ Smalz R, Conrad M. Combining Evolution with Credit Apportionment: A New Learning Algorithm for Neural Nets［J］. 1994, 7（2）：341－351.

⑦ Whitehead B A, Choate T D. Cooperative－competitive Genetic Evolution of Radial Basis Function Centers and Widths for Time Series Prediction［J］. IEEE Trans Neural Netw, 1996, 7（4）：869－880.

网络的适应性的差异性。[①] Zhao 等（2000）提出了协同进化的框架，并将该框架应用于 RBF 网络的进化。但其工作仅是一个开放的提案，旨在定义协作环境中要解决的问题。[②] Cho 和 Shimohara（1998）提出了通过遗传编程进化的模块化神经网络，每个网络是由通过树结构编译的不同模块形成的复杂结构。[③] Yao 和 Liu（1998）使用 EPNET 模型开发的最终个体网络形成神经网络的集合，这些网络的组合产生比任何隔离网络更好的结果，然而，网络之间的合作只有在进化过程完成之后才进行，所以这个模型既不协作也不具有参与性。[④]

由于人工神经网络良好的非线性拟合能力和并行处理能力，在此基础之上构建的预测模型就受到了各方面的关注。Lapedes 等（1987）最早将神经网络引入到时间序列预测的研究中，并取得了良好的效果。[⑤] 随后，Andreas 等（1990）以太阳黑子的年平均活动的预测为研究对象，将神经网络与回归分析进行比较，进一步证明了神经网络的有效性。[⑥] 此后，Dempster 等（1991）的研究进一步证明了神经网络的预测精度优于传统预测模型。[⑦] 由此可见，神经网络模型在预测工作中，具有很好的表现。

2. 国内研究现状

神经网络集成在最近的神经网络研究中受到越来越多的关注，由于它是一个强大的工具，特别是对于复杂的问题。网络集成通常由已经使用相同数据训练的若干网络的线性组合构成，尽管每个网络使用的实际学习的样本可以不同。集成内的每个网络在网络集成的输出中可能具有不同的权重。之前的研究已经证明了一点，通常网络集成具有小于单个神经网络的泛化误差，并且集成的方差小于单个网络的方差。简单地集成许多分类器的输出可以产生比任何个体分类器更准确

---

① David W Opitz, Jude W Shavlik. Actively Searching for an Effective Neural Network Ensemble［J］. Connection Science, 1996, 8（3/4）: 337 – 354.

② Zhao Q F, Hammami O, Kuroda K, et al. Cooperative co – evolutionary algorithm – How to evaluate a module?［C］. Combinations of Evolutionary Computation and Neural Networks, 2000 IEEE Symposium on. IEEE, 2000: 150 – 157.

③ Cho S B, Shimohara K. Evolutionary Learning of Modular Neural Networks with Genetic Programming［J］. Applied Intelligence, 1998, 9（3）: 191 – 200.

④ Yao X, Liu Y. Making Use of Population Information in Evolutionary Artificial Neural Networks［J］. IEEE Transactions on Systems Man & Cybernetics Part B Cybernetics A Publication of the IEEE Systems Man & Cybernetics Society, 1998, 28（3）: 417 – 425.

⑤ Lapedes A S, Farber R F. Nonlinear Signal Processing Using Neural Networks: Prediction and System Modeling［C］. IEEE International Conference on Neural Networks, San Diego, CA, 1987.

⑥ Andreas S. Weigend, Bernardo A. Huberman, David E. Rumelhart. Predicting the Future: A Connectionist Approach［J］. International Journal of Neural Systems, 1990, 1（3）: 193 – 209.

⑦ Dempster M A H, Ireland A M. Object – oriented Model Integration in a Financial Decision Support System［M］. Elsevier Science Publishers B. V., 1991.

的预测，这已经在文献中多次验证。使用若干网络的组合旨在减少由于网络训练的随机性产生的参数不确定性，而不是依赖于在其训练期间可能黏附到局部最小值的具有较差预测性能的单个网络。

由于这种技术表现非常好，最近它已经成为神经网络和机器学习中的一个非常热门的话题，并已经成功应用于许多领域，如面部识别、光学字符识别、图像分析、医学诊断、地震信号分类等。通常在两个步骤中构建神经网络集合，即训练多个分量神经网络，然后组合分量预测。对于训练神经网络集成，最流行的方法是 Bagging 和 Boosting。Bagging 由 Breiman 基于自举采样提出，它从原始训练集生成几个训练集，然后从每个训练集训练神经网络集成。

人工神经网络是 20 世纪 80 年代后期重新迅速发展起来的人工智能技术，是一种包括许多简单的非线性计算单元或联结点的非线性动力系统，是用大量简单的处理单元广泛连接组成的复杂网络。神经网络由一组通过权值相互连接的神经元组成，网络通过调整权值来实现输入样本与其相应类别的对应，只要把数据输入到已经训练好的神经网络就可以直接得到分类结果，因其对噪声数据具有很强的承受能力以及对未经训练的数据进行分类的能力而推动了它在数据挖掘分类方面的应用。

人工神经网络的自动设计有两个基本方面：参数学习和结构学习。在结构学习中，结构和参数信息都必须通过训练过程学习。基本上，我们可以考虑结构学习的三个模型：构造性算法、破坏性算法和进化计算。构造性算法从一个小网络（通常是一个单一的神经元）开始。这个网络被训练，直到它不能继续学习，然后新的组件被添加到网络，重复该过程，直到找到满意的网络集成，这些方法通常被局限在最小值，并倾向于产生大网络。破坏性方法，也称为修剪算法，从一个大网络开始，能够学习但通常以过拟合结束，并尝试删除无用的连接和节点。这两种方法具有的建设性和破坏性，限制了可用个体网络的数量，从而在搜索空间中引入了可能不适合该问题的约束。虽然这些方法已被证明在模拟数据中是有用的，但它们对实际问题的应用已经相当不成功。进化计算在近年来已经广泛使用以演进神经网络架构和权重，参数学习以及参数和结构学习都有许多应用。这些应用成果分为两大类：进化计算和遗传算法。遗传算法基于独立问题的表示，通常表示是二进制整数或实数的串，这种表示（基因型）编码网络（表型）是一种双重表示方案。在遗传算法中创建更好的解决方案的能力主要依赖于交叉的操作，该算子通过重组来自群体的两个成员的代表性分量来形成后代。交叉的优点来自形成对应于高于平均解的连接子串，而差异性又是神经网络中非常重要的特征，因此在进化神经网络中应当避免交叉。差异性的最重要形式之一是从表示空间中的基因型到评价空间中的表现型的多对一映射，对于许多学者，进化计算是演化人工神经网络最适合的方法，在计算机语言编程中，进化计算的编程有比遗传算法更大的优势，进化计算已经用于学习架构和连接权重，进化计算的主要优点是它执行搜索空间的全局探索，避免被捕获在局部最小值中，通常发生在局部搜索过程中。

目前，国内外的人才需求预测的定量分析多数以发生期的统计数据构建人才需求预测的计量模型，难以反映受到地方经济发展、政策调整等多方面因素的非线性变化影响，影响预测的科学性和准确性。基于误差反向的 BP 算法的多层前向神经网络通常被称作 BP 神经网络，因为其简单的结构、优良的非线性逼近能力和较强的可塑性，BP 神经网络在处理缺失值和非线性问题时有很明显的优越性，使得神经网络模型越来越多地应用到各种领域。

BP 神经网络作为一种定量的人力资源需求预测方法，具有有效逼近非线性函数的能力，能在人力资源未来非连续变化的预测中发挥出重要的作用，有很大的应用前景。借助 BP 神经网络较强的非线性映射能力，能很好地解决人力资源需求预测中影响因素与预测结果间的非线性关系，BP 神经网络有利于我国企业人力资源需求的科学、有效预测。

BP 神经网络的基本思想是由信号的正向传播与误差的反向传播两个过程组成的学习过程，网络学习是神经网络的核心。其中，信号即输入样本传播的方向规定为正向，输入值从输入层经隐含层逐层处理，处理后的数据经输出层输出。若输出的结果与期望值相符，则传播结束，输出结果便是最终想要的结果，但若输出数据与实际不符，则开始反向传播，及误差的反向传播过程，这个过程是将正向传播输出值与实际值之间的误差以某种形式通过隐含层、输入层逐层反转，期间将误差分摊给各层的所有单元，从而得到可以作为修正各单元权值依据的各层单元误差信号。

BP 算法作为一种经典有效的神经网络学习算法，在数据挖掘分类中被广泛研究。神经网络作为分类技术中的重要方法之一，其优势在于：①神经网络可以任意精度逼近任意函数；②神经网络方法本身属于非线性模型，能够适应各种复杂的数据关系；③神经网络具备很强的学习能力，使它能够比很多分类算法更好地适应数据空间的变化；④神经网络借鉴人脑的物理结构和机理，能够模拟人脑的某些功能，具备“智能”的特点。基于神经网络的分类方法很多，基本是按照神经网络模型的不同而进行区分。

神经网络以其良好的非线性拟合能力在诸多领域得到了广泛的应用，关于神经网络在预测方面的论文发表数量较多，但是神经网络在人力资源管理方面的应用还是比较少的，2010 年至今关于神经网络在人力资源管理方面的文献累计在 80 篇左右，研究重点关注神经网络在科学预测方面和人力资源管理方面的应用。

李瑞和张悟移（2016）采用了径向基神经网络模型对2001～2012年我国物流业能源需求进行预测，取得了良好的效果。[①] 喻胜华和张静（2016）结合Lasso模型和BP神经网络模型，构建了我国城乡居民的消费支出预测模型。[②] 张俊深和袁程炜（2016）将GM（1，1）的无偏化修正模型、GM（1，1）加权平均背景值重设修正模型以及BP神经网络相结合，构建了能源消费预测模型。[③] 陈蔚（2015）使用ARIMA模型和BP神经网络方法对1990～2013年我国进口、出口贸易额时间序列进行线性与非线性信息挖掘。[④] 徐静和王勃（2015）运用SOM神经网络构建了人力资源管理风险预警模型，并对预警模型进行训练、学习和测试。[⑤] 而韩先淮和盛宇华（2013）采用模糊神经网络构建了企业人力资源风险预警模型。[⑥]

四、关于集成学习算法的研究

1. 国外研究现状

本书主要运用Bagging的技术，其主要思想是采用重采样技术，从原始数据集中分别独立随机地选取数据，并且将此过程独立进行多次，直到产生很多个独立的数据集。给定一个弱学习算法，可以通过该弱学习算法对产生的多个训练样本集进行学习，得出预测函数序列，将结果进行投票，得票最多的作为最后的结果。

从神经网络集成方法的开创者对神经网络简单集成方法的有效性进行了相关研究后，有学者对神经网络集成的概念做出了界定，即“神经网络集成是用有限个神经网络对同一个问题进行学习，集成在某输入示例下的输出由构成集成的各神经网络在该示例下的输出共同决定”。目前集成学习中的技术大致可以分为两类，即Boosting（算法）和Bagging（算法）。Boosting算法的思想源于PAC模型，Schapire和Freund对其初期的发展做出了重要贡献。Bagging算法最早是由

---

① 李瑞，张悟移．基于RBF神经网络的物流业能源需求预测［J］．资源科学，2016，38（3）：450－460.

② 喻胜华，张静．基于Lasso和BP神经网络的组合预测及其应用——以居民消费支出预测为例［J］．财经理论与实践，2016（1）：123－128.

③ 张俊深，袁程炜．基于BP神经网络与修正GM（1，1）模型的能源消费组合预测［J］．统计与决策，2016（5）：90－93.

④ 陈蔚．基于线性ARIMA与非线性BP神经网络组合模型的进出口贸易预测［J］．统计与决策，2015（22）：47－49.

⑤ 徐静，王勃．基于SOM神经网络的人力资源管理风险预警模型研究［J］．电子设计工程，2015，23（18）：134－136.

⑥ 韩先淮，盛宇华．基于模糊神经网络综合评价企业人力资源风险［J］．人民论坛，2013（26）：92－93.

Breiman 提出，其基础是可重复取样。Breiman（2001）指出，稳定性是影响 Bagging 算法性能发挥的关键因素，不稳定的基学习器比稳定的基学习器在使用 Bagging 算法时更有效。① 目前的集成学习算法基本上都是在这两类算法的基础上发展而来，例如 LPBoost、随机森林算法等。

Kearns 和 Valiant 还提出了弱学习算法与强学习算法的等价性问题，如果两者等价，那么在学习概念时，只需找到一个比随机猜测略好的弱学习算法，就可以将其提升为强学习算法，而不必直接去寻找通常情况下很难获得的强学习算法。② Shapire（1990）通过一个构造性方法，对该问题做出了肯定的证明。③

2. 国内研究现状

集成学习是当前较为热门的机器学习方法，它本身不是一个单独的机器学习算法，而是通过构建并结合多个机器学习器来完成学习任务，也就是我们常说的“博采众长”。集成学习可以用于分类问题集成，回归问题集成，特征选取集成，异常点检测集成等，可以说所有的机器学习领域都可以看到集成学习的身影。集成学习将数个简单的、精度比随机猜测略好的弱分类器以某种方式组合在一起对新样本进行分类，构成一个高精度的估计，从而提高分类准确率。

对于个体分类器的生成策略，常用的技术包括 Boosting 和 Bagging。研究表明：这两种方法大大开发了弱学习的能力，在精确性和对不同领域数据的计算可行性等方面的表现都是比较突出的。Bagging 是一种把多个不同的个体学习器集成为一个学习器的集成学习方法，其理论基础是通过可重复取样得到不同的数据子集，使得在不同数据子集上训练得到的个体学习器具有较高的泛化性能及较大的差异度。该算法用从原始训练集中随机抽取的若干样例来训练模型，得到的预测集合体在预测一个类标时，采取投票方式，取多个预测类标中出现次数最多的那个类标为该样例的最后类标。由于 Bagging 算法的个体分类器之间不存在强的依赖关系，因此算法可以并行。利用现有网络的分布式计算可以进一步提高算法的时间效率，并且 Bagging 总是可以改善学习器的性能。

Bagging 算法主要对样本训练集合进行随机化抽样，通过反复的抽样训练新的模型，最终在这些模型的基础上取平均。Bagging 算法和 Ada Boost 算法是应用最广的集成学习算法。其中，Bagging 算法在小样本数据训练和不稳定基学习器集成方面有着良好的表现，例如，张郴等（2011）采用 Bagging 算法和 BP 神经

---

① Breiman L. Random Forests［J］. Machine Learning, 2001, 45（1）: 5－32.

② 毕华，梁洪力，王珏. 重采样方法与机器学习［J］. 计算机学报，2009，32（5）：862－877.

③ Schapire R E. The Strength of Weak Learnability［J］. Machine Learning, 1990, 5（2）: 197－227.

网络构建了旅游需求预测建模。[①] 徐涛等（2014）采用 Bagging 算法和 GA - BP 神经网络构建单个飞行事件噪声预测模型，均取得了良好的效果。[②] 在人力资源预测领域还鲜有学者采用 Bagging 算法进行相关研究。

国内与集成学习相关的文献最早可以追溯到 1991 年吴轶华发表的《集成学习》，但是直到 21 世纪，集成学习才被更多的学者关注。周志华等提出的“选择性集成”已被广为接受。由于集成方法简单有效，目前已被成功运用在很多领域，例如在自然语言处理、机器翻译、图像识别、语音识别和文本过滤等领域。张春霞等（2011）对选择性集成学习算法进行了详细综述，并以算法采用的选择策略为依据进行了算法分类，详细探讨了各算法的特点。[③] 付忠良等（2010）在 Ada Boost 算法的基础之上提出了直接面向目标的集成学习算法。集成学习是机器学习中的关键技术，主要应用于计算机和人工智能领域，在其他领域中的应用比较少。[④] 张捷等（2011）首次采用神经网络集成技术对 1990 ~ 2008 年中国重要的旅游客源国的入境游客量数据进行分析和预测。[⑤] 目前，集成算法在人力资源预测领域的应用还较为少见，知网上还没有集成学习应用在人力资源预测领域的文献。

本章小结

20 世纪的科技进步是有目共睹的，人们在几十年间的新发展、新技术、新成果远远超过了人类几千年发明创造的总和，特别是新知识的创造，完全可以用信息爆炸来形容人类知识积累的迅速增加。这种科学与技术的飞速发展，一方面使得人们在进一步发明创造时有了更多经验可以参考，另一方面也使知识的创新不再像早期那样相对容易。因此，各国各地区必须加强联系，多沟通合作，一起攻克科技难题。

从世界历史的发展来看，人才的争夺战从来就没有停止过。人才争夺的背后是各地面临的共同问题，即人才短缺时代的到来。国际上对掌握高技术的人才和

①⑤ 张郴，张捷．中国入境旅游需求预测的神经网络集成模型研究［J］．地理科学，2011，31（10）：1208 - 1212.

② 徐涛，燕宪金，杨国庆．基于神经网络集成的单个飞行事件噪声预测模型［J］．中国环境科学，2014，34（2）：539 - 544.

③ 张春霞，张讲社．选择性集成学习算法综述［J］．计算机学报，2011，34（8）：1399 - 1410.

④ 付忠良，赵向辉，苗青，等．Ada Boost 算法的推广——一组集成学习算法［J］．四川大学学报（工程科学版），2010，42（6）：91 - 98.

高技术企业管理人才的需求量正在上升，而对以传统的制造技术为基础的工业生产人才的需求量呈下降态势。由于高技术的快速发展，世界上一些国家通过不断学习，使自己国家紧紧跟上科技革命时代的发展步伐，取得了成功。一个国家的经济、科技发展水平可以分为工业化初级阶段、工业化中级阶段和工业化高级阶段。随着一个国家经济水平的不断提高，“R&D”经费投入对人才的培养、科技水平的提升以及经济的增长发挥着越来越重要的作用。

中华人民共和国成立以来，我国已经逐步建立起了门类齐全的工业体系，有的传统产业已经进入了世界前列。改革开放以后，高技术产业发展十分迅猛，特别是已经形成了一支具有相当实力的科技队伍，在高技术研究领域中取得了一大批重要科研成果，为21世纪我国高技术产业的跨越式发展打下了良好的基础。本书从区域人力资源发展的需求出发，紧密结合省情来研究山西省高技术产业人力资源需求问题，为山西省相关研究提供理论借鉴和实践帮助，有利于推动山西省经济快速增长，也为山西省人才短缺和就业问题提供参考。同时，对山西省产业结构调整与优化具有重要的促进作用，利用科技人力资源，将产业向深度发展并做大做强，具有积极的现实意义，也为我国在高技术产业和人力资源方面的相关研究提供理论支持。

第二章　高技术产业人力资源需求预测及技术理论分析

第一节　人力资源需求预测

一、高技术产业的相关概念

1. 高技术产业的定义

对于高技术产业的界定一般是依据本国经济社会发展的实际情况，采用某些界定方法和标准对国内的高技术产业进行划分。经济合作与发展组织将 R&D 投入强度作为界定标准，将航空航天制造业、计算机与办公设备制造业、电子与通信设备制造业、医药品制造业等确定为高新技术产业，这一分法被大多数国家所接受（1994）。①

在我国国家统计局发布的《高技术产业统计分类目录》中将我国高技术产业划分为八类高技术行业，即核燃料加工、信息化学品制造、医药制造业、航空航天器制造、电子及通信设备制造业、电子计算机及办公设备制造业、医疗设备及仪器仪表制造业与公共软件服务。此种高技术产业分类与国际惯用的高技术产业划分略有不同，主要是指研究开发投入高、研究开发人员比重大的产业。此外，国家统计局为了便于将中国的高技术产业数据与国际进行横向比较，未对包含公共软件服务业在内的三类行业进行数据统计。鉴于数据的可获得性、科学性与全面性考量，本书研究的高技术产业包括：医药制造业、航空航天制造业、电子及通信设备制造业、电子计算机办公设备制造业、医疗设备及仪器仪表制造业。

---

① Kearns M J, Valiant L G. Cryptographic Limitations on Learning Boolean Formulae and Finite Automata [J]. Journal of the Acm, 1994, 41 (1): 433 – 444.

2. 高技术产业人力资源相关概念

（1）高技术产业人力资源。高技术产业人力资源，是指在高技术产业中具有劳动能力并能为企业做贡献的人员，并且在一定的条件下，能够促进社会发展的全部劳动者的总和，这里包括多种层次的人员，有领导人才、管理人才、各类专业技术人才和各种类型的工作人员。本书中所指的高技术产业人力资源包括从事产业活动的产业从业人员，用《中国高技术产业统计年鉴》中的产业从业人员指标来反映。

（2）高技术产业科技人力资源。高技术产业科技人力资源是指高技术产业中直接从事或以科技活动管理和服务为主要工作（判定其是否为主要工作的标准是看累计实际工作时间是否占到全年度制度工作时间的10%及以上）的人员。本书中所指的科技人力资源侧重于直接从事科技活动的人员，用《中国高技术产业统计年鉴》中的产业R&D人员指标来反映。

二、人力资源需求预测的相关概念

1. 人力资源需求预测的含义

人力资源指在一定时期内，处于一个国家或地区能够推动整个经济和社会发展的、具有智力劳动和体力劳动的总和。狭义上讲是指企事业单位独立的经营团体所具有的劳动能力的总和。

对企业未来发展过程中人力资源状态进行预测是人力资源预测的重要内容，由人力资源需求预测和人力资源供给预测两部分组成，其包含对企业的评估和对未来发展规划的预测。需求预测是结合企业一定时期内的目标规划，对未来一段时间内所需变动的员工人数以及类别进行估算；而供给预测则是确定企业能否保证员工具备其所需职能以及员工来自何处的过程。

人力资源需求预测是指在未来一段时间内，企业所需员工的学历、专业、年龄、专业技术、职务结构与技能等其他方面在结构、层次和比例等项目上进行全面的分析预测，其目标就是做到为企业人力资源的可持续发展提供有效的保障。预测的主要内容是根据企业的前景规划、内在外在因素和宏观微观影响因素等，对人力资源需求的结构、数量和质量进行的预测。

2. 人力资源需求预测的内容

人力资源预测的内容不是只局限在未来人力资源的需求，还要在此基础上对人力资源进行分层。对不同层次的人员分别进行预测，并要预测人员在未来可能发生的变动，研究人力资源在未来的内部结构、专业寿命等变化规律。预测工作实践中，需要对不同层次的人员，不同的实际需要进行选择或组合。人力资源需求预测的主要内容可以从以下五个方面进行：

（1）人力资源总需求预测。人力资源的总需求在结构和数量上是不固定的，会伴随社会经济的发展与经济结构的变化而调整。人力资源总需求预测是根据未来社会对层次不同、类型不同的人员的需求状况，对人力资源进行预测和分析。

（2）人力资源增量预测。人力资源增量预测主要是预测某个目标年度，不同层次的人力资源变化量以及与未来需求的差距，从而反映层次不同的人才状况，并从中得到如何对现有及未来的人员结构进行调整的信息。需要指出的是，人力资源增量预测也是检验对层次不同的人员的培养能力，因为这些与人们自身、社会培训、国家政策等息息相关。通过这样，对人力资源结构的预测与调整，当经济结构发生变化需要不同的或者新的类型的人员时，可以及时填补空缺。

（3）人力资源存量预测。预测未来某个时间的人力资源总量，层次不同的人员数量即是人力资源存量预测。对未来不同层次的人力资源存量进行预测，分析其变化历程，并且对其进行预测。通过对以前的和当前的人力资源状况进行比较，可以反映人才供需之间的矛盾与问题。

（4）人力资源结构预测。社会发展与经济增长可能会引起人力资源结构的变化，因此，人力资源结构预测对于未来社会对不同层次的人力资源需求有着重要的意义。总的来说，人力资源结构预测不单单是要预测层次不同的人员的质量、数量，更要分析其是否有合理的人力资源结构，只有这样才能跟随社会发展、产业调整的脚步，做到人力资源的充分、合理利用。

（5）专门人力资源人才预测。伴随着社会的发展进步，专门人力资源，即具有专业技能的人员在社会的发展中有着举足轻重的地位。对专门人力资源进行预测可以依据科技、经济等的发展变化，运用科学合理的方法，可以对专门人力资源进行培养和开发，使其尽早、尽快地适应经济结构调整，为社会发展进步服务。以此来看，专门人力资源预测显然成为人力资源需求预测的重要内容。

三、高新技术产业人力资源需求预测的相关概念

1. 高新技术产业人力资源需求预测的含义

人力资源指在一定范围内的人所具有的劳动能力的总和，或者说是指能够推动整个经济和社会发展的、具有智力劳动和体力劳动的总和。

对高新技术产业未来发展过程中人力资源状态进行预测是其产业人力资源预测的主要内容，主要包含对高新技术产业的企业评估和对未来发展规划的预测，由人力资源需求预测和人力资源供给预测两部分组成。人力资源需求预测是结合产业一定时期内的目标规划，对发展过程中所需变动的员工人数和员工类别进行估算；而确定高新技术产业中能否保证员工具备企业所需职能、员工来自何处的过程则被称为人力资源供给预测。

高新技术产业人力资源需求预测是指在未来一段时间内，对产业所需员工的学历、专业、年龄、专业技术、职务结构与技能等其他方面在结构、层次和比例等项目上进行全面的分析预测，其目标就是做到为高新技术产业人力资源的可持续发展提供有效的保障。高新技术产业人力资源预测的主要内容就是根据产业的前景规划、内外在因素和宏观微观影响因素等，对人力资源需求的结构、数量和质量进行预测。

2. 高新技术产业人力资源需求的影响因素

高新技术产业人力资源需求是一种派生需求，它是由人、企业或产业的消费所派生出来的。高新技术产业经营过程中所涉及的变量与人力资源需求预测所涉及的变量是共同的，因而，高新技术产业人力资源需求的影响因素概括起来可分为三大类：产业外部环境因素、产业内部战略因素和人力资源自身素质。

（1）产业外部环境因素。社会经济发展状况、经济体制改革的进程，即经济环境的变化会影响高新技术产业对人力资源的需求。随着社会的进步和经济的发展，人们对某些产品或服务的需求会减少或者增加，因而这必然会影响到提供相应产品或服务的高新技术产业对人力资源需求的变化。

（2）产业内部战略因素。在进行预测中需要考虑的高新技术产业内部影响因素比较多，一般包括以下几点：①产业通过更新生产设备来提高质量对预测的影响。②产业更新产品对预测的影响。③产业的营业额或销售额的变动，这些都会影响到企业人员的需求数量。④产业所持有的资金额的多少都会对人员需求产生束缚。⑤组织模式的变化对人员需求的影响等。

（3）人力资源自身素质。高新技术产业内部员工自身的身体素质、知识水平、思想素质等的变化都会在很大程度上对人力资源需求造成影响。例如，合同终止解聘、意外死亡或疾病、各种原因的休假等都会产生工作岗位的空缺，产业需要招聘临时或者正式的人力资源来补充。

3. 高新技术产业人力资源需求预测的范围

高新技术产业人力资源需求预测的范围包括空间范围和时间范围。目前，为了提高该产业人力资源预测研究的针对性和准确性，国内外的人力资源需求预测及相关研究大多转向进行小规模滚动式人力资源需求预测研究，尽量减少需要解决问题的覆盖面，全力去对问题进行有目标性的研究。与此同时，缩短人力资源预测周期，避免不确定的影响因素变动对人力资源预测结果的影响。在进行实际操作预测时，要根据研究问题的现实状况，考虑到经济、社会环境等对预测结果的影响，挑选出一些能折射出现实状况并具有典型性的参数进行预测。本书的预测时间范围是2006～2017年。预测的空间范围为山西省高新技术人力资源需求的数量、质量和结构。

第二节　相关技术理论分析

一、人力资本理论

1. 人力资本的内涵

舒尔茨（1990）认为，人力资本主要体现在劳动者的文化水平和技术技能两个方面，是在对劳动者进行各种投资后形成的，在推动社会经济发展中具有重要作用。[①] 李建民（1999）认为，人力资本是劳动者经过后天学习获得的具有经济价值的多方面能力之和。[②] 俞荣建（2015）认为，人力资本是由劳动者的价值内涵、形态异化，以及人格化特质三个方面有机结合而成。[③] 姚建华（2009）认为，人力资本是在投资的基础上形成的、能够促进劳动力资源质量提升的各种要素在劳动者身上融合后的综合成果，它是各要素在劳动者身上相互作用、相互影响，并最终融为一体的成果。[④] 在综合上述观点的基础之上，本书认为，人力资本是通过对劳动者的后天投资而形成的，由劳动者的生理、心理以及技术技能等多方面因素构成的，能极大提高劳动力资源的综合素质，并且会促进社会经济发展的综合能力。

2. 人力资本存量及结构

本书从宏观和微观两个角度对人力资本存量的内涵进行分析研究。从宏观视角看，人力资本存量是区域内所有人力资本数量的总和；从微观视角看，人力资本存量是指劳动者经过后天的教育、相关培训、工作经验的累积形成的凝结在劳动者身上的知识技能。人力资本存量是衡量地区经济发展的重要指标之一。

人力资本结构是各种人力资本数量之间的比例关系，用于表示人力资本总量在不同区域、行业、社会群体中的分布状况。人力资本结构主要分为金字塔形和纺锤体形两类，经济发展情况不同的地区需要的人力资源结构不尽相同，金字塔形结构适合于经济发展中地区，纺锤体形结构适合于以创新为主导的地区。此

---

① 舒尔茨．论人力资本投资［M］．北京：北京经济学院出版社，1990.

② 李建民．人力资本通论［M］．上海：三联书店上海分店，1999.

③ 俞荣建．重新认识人力资本：三维集成的观点及其启示［J］．商场现代化，2015（22）：189－190.

④ 姚建华．试析人力资本的含义及其形成机理［J］．广州大学学报（社会科学版），2009，8（7）：43－46.

外，不同的人力资本之间受各种经济发展因素的影响，会发生相互之间转化，从而对人力资本结构产生影响。人力资本存量结构是从宏观角度出发对地区人力资本存量进行衡量的一种方法，利用这一方法，可以正确定位山西省的人力资本存量结构类型。

二、灰色系统理论

灰色系统理论是于1982年在国际上第一次提出的一种分析数据较少的不确定性问题的数学工具。[①] 控制论一般将所被研究系统中包含的信息数量和明确程度用深浅不同的颜色来表示。[②] 通常情况下，将所含信息完全明确的系统称之为白色系统，与之对应，将所含信息完全不明确的研究问题称之为黑色系统。若所研究问题中的信息不完全明确，即部分明确，部分不明确，则将其称之为灰色系统，也可以说，如果对所要研究的具体问题的部分信息已经确定而另一部分信息不明确，这就为灰色系统；[③] 如果对所要研究的问题的全部信息都是很确定的，就是所谓的白色系统；同理，不明确所要研究问题的任何信息，就是所谓的黑色系统。灰色系统理论认为，对于那些不但有已经知道的信息同时又有不知道的信息的研究问题所进行的预测，其实质就是对于某种范围内会发生变动的灰色过程的预测。在预测这类问题的过程中，所呈现的预测的现象是没有任何规律的，但是这些预测过程是有界限的、有规律可循的。所以说这些数据是遵守某种程序的规律，灰色预测就是使用这个潜在的规律来组建灰色预测模型对灰色系统进行预测。由于人类对世界认知的有限性，对所研究问题的信息掌握程度不完全也是必然的，所以灰色系统的存在亦是必然的。在灰色系统中表面看似杂乱无章的信息数据，实则隐藏着某种内在规律，需经过特定的分析方法来构建与之相对应的数学模型来研究系统各信息之间的关系。

因为灰色系统理论是为解决系统信息不完全明确问题而诞生的理论，所以如何处理不确定性信息，将不确定性信息转化为确定性信息就成为研究者关注的重点，即，如何把信息数据之间的不确定性关系转化为确定性关系，使灰色系统变为白色系统，将系统隐含内在规律展现出来，用于解决现实问题。GM灰色模型是最为基础的模型（2014）。[④] 利用灰色模型研究相关变量在未来的情况的方法被称之为灰色预测法。在常见的灰色预测模型中，GM（1，1）模型是应用最为

---

① 舒尔茨．论人力资本投资［M］．北京：北京经济学院出版社，1990.

② 李建民．人力资本通论［M］．上海：三联书店上海分店，1999.

③ 俞荣建．重新认识人力资本：三维集成的观点及其启示［J］．商场现代化，2015（22）：189－190.

④ 姚建华．试析人力资本的含义及其形成机理［J］．广州大学学报（社会科学版），2009，8（7）：43－46.

广泛的模型之一。

本书采用灰色系统预测模型主要是为了对输入的关键特征变量数据进行灰色预处理，将具有无规律的原始序列变为灰序列，为下一步神经集成模型预测研究做数据预处理工作。

三、神经网络理论

1. 神经网络原理

人工神经网络是在对生物神经网络的结构和功能的认知基础之上，构建起来的处理非线性复杂信息的工具。[①] 人工神经网络从本质上讲是对生物神经网络抽象化的数学模型，是以各种神经元为基础构建起来的复杂网络模型，具有自学习、反馈、记忆等功能，目前已经被广泛地应用于模式识别、图像识别、科学预测、故障诊断等领域。

人工神经网络是以人工神经元为基本元件组成的庞大的自适应非线性动态网络。其中，人工神经元由链接突触、加法器和激励函数三个基本要素组成，其结构如图 2－1 所示。网络的学习规则亦是影响神经网络性能的重要因素，常见的学习规则有 Hebb 规则、记忆学习规则、离散感知器学习规则、连续感知器学习规则、相关学习规则、竞争学习规则等，不同的学习规则有不同的适用情景，在此不再赘述。由众多神经元构成的网络按照一定的学习规则处理输入信息，即使部分神经元出现问题，也不会对整个网络的运作产生太大影响，其信息存储具有分布式的特点。

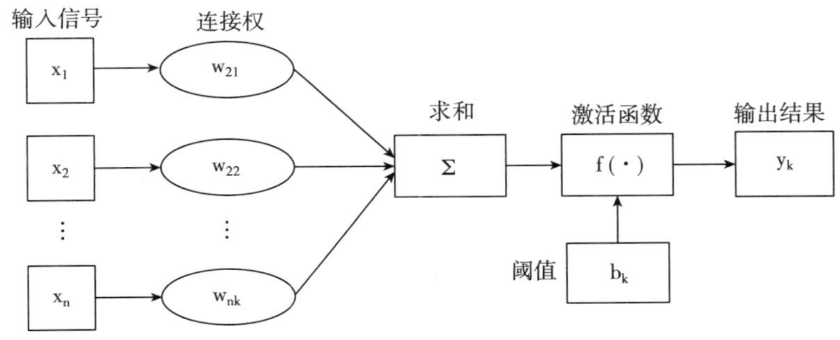

图 2－1　人工神经元结构模型

① Simon Haykin. 神经网络原理［M］. 北京：机械工业出版社，2004.

2. 神经网络特点

人工神经网络的特点大致可以概括为以下几点：①

（1）分布式信息储存。由于神经网络信息存储分布在整个网络中，具体而言就是用神经元之间连接权值的分布来表示特定的信息，因此网络的容错性和鲁棒性可以得到很好的保证。

（2）兼顾信息存储与处理。神经元连接强度的变化，一方面反映了网络对信息的处理，另一方面反映了其对信息的记忆。

（3）信息协同并行处理。网络中每个神经元都具有独立处理信息的能力，相同层级的神经元会将处理结果同时输出，并行计算的特点使得人工神经网络具有很强的实时处理能力。②

（4）自组织、自学习特点。神经元之间的连接权值会通过对训练样本的学习不断强化，进而提高神经网络对某些样本特征的反应灵敏度。

神经网络就其特性能够划分为两种：一是能力特性，即自主学习、自觉组织与自发适应。它能够修改本身性能对环境的改变做出适应性调整、自动调整网络结构参数、特鄙视外部刺激下能调整突触连接的能力。二是结构特性，即并行处理、分布式存储与容错性。由于其本身即为复杂的并行非线性系统，涵盖多种处理单元，因而具有并行性处理信息的特性。能够通过分布存储的方式，达到在每一个连接权中存储信息的目的。从而具有相当的容错性，即使在神经元损坏、信息录入不清晰时也可以展开联想和再构建修复。

鉴于神经网络的诸多优点，本书需要通过采用高新技术产业人力资源需求预测模型的构建提供有效的方法支撑。

四、集成学习理论

集成学习最重要的理论基础主要来自概率近似正确学习模型（PAC）。PAC模型依据学习机算法的正确率的高低将其分为强学习算法和弱学习算法，而集成学习则是将弱学习器转化为强学习器的一种方法。Kearns 和 Valiant（1994）对弱学习器与强学习器的转化问题进行了初步探讨。③ 随后，Schapire（2002）的研究进一步奠定了该领域的理论基础。④ Bagging 算法和 Boosting 算法相继被提出。

① 周开利，康耀红. 神经网络模型及其 MATLAB 仿真程序设计［M］. 北京：清华大学出版社，2005.

② 韩力群. 人工神经网络理论、设计及应用［M］. 北京：化学工业出版社，2007.

③ Kearns M J, Valiant L G. Cryptographic Limitations on Learning Boolean Formulae and Finite Automata［J］. Journal of the Acm, 1994, 41 (1): 433-444.

④ Schapire R E. The Strength of Weak Learnability［C］. Foundations of Computer Science, 1989. Symposium on. IEEE, 2002: 197-227.

Bagging 算法亦被称为“装袋”算法。该算法的核心是自助聚集，即参与训练的每个样本集都是自主样本。① Boosting 算法亦被称为“提升”算法，其基本思想则是对每个样本集进行加权。② 虽然这两种方法都可以提高模型的准确率，而且一般情况下 Boosting 算法比 Bagging 算法更好，但是鉴于 Bagging 算法在不稳定基学习器集成的表现优于 Boosting 算法，因此本书采用 Bagging 算法对灰色 BP 神经网络进行优化，以提高模型的泛化能力。

五、预测分析理论

在国内有关人力资源预测方面的研究最早开始于 20 世纪 80 年代初期，分析讨论影响人力资本的因素和数据，选择有效的模型方法，把促使经济增长的统计信息作为自变量，未来某一时间段对员工的需求量当作因变量进行预测估计。③ 当然，随着科学技术方法的不断改进，目前人力资源预测已不仅局限于总需求预测，学者们将人力资源划分为不同的层次分别进行研究，在同一层次内又分行业等研究其内在结构规律，使用定性和定量预测两类方法进行预测研究。定性预测法由于受到预测者主观知识水平和历史经验能力影响较大，所以很多研究者在做预测研究时只把该类方法作为一种辅助的手段，故本书在此也不详细赘述，而定量预测法大致划分为传统型预测法和新式型预测法两种。

1. 传统型预测法

目前的研究中传统型预测法又包括时间序列法和相关分析法。④

第一种，时间序列法，首先根据时间的先后次序把影响人力资源数量的关键经济因素所对应的统计数值依次排列开来，其次找出这些时间与员工数量的变化间的相互关系或者是某种特殊规律，最后根据这种有规律的变化趋势预测出未来某一时刻或时间段所需要的人力资源总量。目前，研究文献中出现比较多的回归分析法、成长曲线法、季节指数预测法等都是以时间作为预测自变量，能够比较鲜明地反映出因素对于总量的影响，但是它的弹性较差，不能随着经济目标的变化及时进行调整。

第二种，相关分析法，它是先把历史统计数据进行相关性分析从而筛选出社会经济因素中与人力资源数量有相关关系的变量，接着利用这些确定的变量计算

---

① 周开利，康耀红．神经网络模型及其 MATLAB 仿真程序设计［M］．北京：清华大学出版社，2005.

② 韩力群．人工神经网络理论、设计及应用［M］．北京：化学工业出版社，2007.

③ 张宇洁，吴洁，肖晨帆，等．基于结构偏离度的新兴产业结构与人才结构互动关系研究［J］．科技管理研究，2012，32（9）：121 – 125.

④ 宇文晶，马丽华，李海霞．基于两阶段串联 DEA 的区域高技术产业创新效率及影响因素研究［J］．研究与发展管理，2015，27（3）：137 – 146.

出模型的未知参数，如此得到所需要的预测模型，最后把确定好的经济因素预测自变量代入模型中计算，得出的结果即为人力资源需求数量的目标值。专家学者们普遍使用的是回归模型。不过若计划从影响人力资源数量的众多因素中分析出真正的主要因素则具有一定的难度，特别是处于当前历史数据难以查阅的情况下。

2. 新式型预测法

新式型预测法包括人工神经网络法和灰色系统预测法两种，这两种方法在前面已经详细介绍过了，因此这里只做简单陈述。

第一种，人工神经网络法，作为近些年预测领域比较热门的新方法，因其具有高度的非线性、强大的学习以及容错能力使预测结果精确度更高，用来研究影响因素复杂众多且不能用某种固定的线性关系来描述因素间联系的人力资源需求预测问题是比较适合的。

第二种，灰色系统预测法，该方法可以在历史数据较少、所包含信息比较贫乏的情况下进行预测，它对数据的要求不高，能够绕过系统内部的因素间关系，直接把看似杂乱无章的样本数据经过生成转化为具有某种规律的新数据序列来建立预测模型从而达到对未来人力资源需求量的预测。

人力资源需求预测作为时下比较热门的预测领域之一，其方法也在不断更新，尤其是新式型预测法中的人工神经网络法，该理论为本书选取具体的预测山西省高技能人力资源需求的方法提供了理论选择依据。

第三章　山西省高技术产业及其人力资源现状分析

第一节　山西省高技术产业发展环境分析

环境建设是高技术产业发展的关键环节。只有形成鼓励和保护产业技术创新的综合环境，才能保证高技术产业具有强大的内在发展动力。本节论述影响山西省高技术产业发展的环境因素，为山西省高技术产业的发展提供支持。

一、山西省高技术产业发展的自然、资源环境

自然及资源环境是各种自然条件及自然资源的综合，是产业发展的基础。高技术产业虽然是知识密集型产业，对自然及资源环境的依赖性较小，但山西省的地理位置、气候环境以及资源环境仍会在一定程度上对山西省高技术产业发展产生相关影响。

（一）地理位置

地理位置一般是用来描述地理事物时间和空间关系。它根据人们不同的需要用不同的方法对地理事物进行定性、定量定位，从而把握地理事物的时空属性和相关特征。地理位置主要有两种分类方式：第一种是按照地理位置的相对性和绝对性，一般分为绝对地理位置和相对地理位置。相对地理位置是以其参考点的周围事物进行确定；绝对地理位置则是以整个地球为参考系，以经纬度为度量标准。第二种是按照地理位置的功能性质来分，可划分为自然地理位置、经济地理位置等不同的功能性位置。

就自然地理位置而言，山西省是中国内陆省份，位于黄河中游东岸，华北平原西面的黄土高原上。东以太行山为界，与河北为邻；西、南隔黄河与陕西、河

南相望；北以外长城为界与内蒙古毗连。因地处太行山之西，故名山西。春秋时代为晋国故地，因而简称“晋”。山西东有巍巍太行山作天然屏障，西、南以滔滔黄河为堑，北抵绵绵长城脚下。因外河而内山，故有“表里山河”的美称。

山西省疆域轮廓呈东北斜向西南的平行四边形，全省总面积15.67万平方千米，占中国总面积的1.6%。介于北纬34°34′~40°44′、东经110°14′~114°33′，总面积15.67万平方千米。山西省地形较为复杂，地势高低悬殊，地形地貌类型复杂多样，境内有山地、丘陵、高原、盆地、台地等多种地貌类型，整个地貌是被黄土广泛覆盖的山地型高原，植被覆盖率低，生态脆弱区占全省面积比例较大，大部分在海拔1000~2000米。

在山脉、水系方面，山西省东有太行山，西有吕梁山，北有恒山、五台山，南有中条山，中有太岳山。主要河流有汾河、海河两大水系。境内有大小河流1000多条。据统计，山西省2015年水资源总量为93.95亿立方米。

就经济地理位置而言，山西省位于黄河中游地段、太行山西侧的黄土高原东部。从经济空间关系来说，其东侧越过太行山是以北京、天津为中心城市的京津唐地区以及工业程度较高、经济较发达的冀中、齐鲁工业区，西部黄河之邻是经济较为欠发达的西北农牧区，南面与富饶的关中平原和中原沃野相连，北方外出长城便是以牧业经济为主体的塞外高原——内蒙古自治区。

总体而言，该种经济地理位置对于山西省整体经济发展而言是呈现有利影响的。具体体现在：

（1）山西省与国内各主要经济发达中心地区的空间距离都较近。东南紧邻沿海省份，与我国主要大城市北京、天津、沈阳、大连、青岛、上海、武汉空间距离较近，便于与经济发达省份进行经济合作与交流，寻求先进的经济技术，借鉴其他省份的发展经验，融合自身的发展情况，以实现经济的更好发展。

（2）山西省处于东部沿海经济发达地带与西部经济欠发达地带的中间地带，山西交通条件比较优越，据统计，2015年山西省铁路营业里程5086公里，公路通车里程140960公里，与全国各省份联系紧密。

（二）气候环境

山西省是典型的被黄土广泛覆盖的山地高原，地势东北高西南低。境内大部分地区海拔在1500米以上。属于温带大陆性季风气候。山西省自然地理位置位于中纬度地带大陆东侧的内陆地区、黄河中游地段，太行山西侧的黄土高原东部，它的东西为暖温带湿润地区的华北大平原，西侧为黄土覆盖的暖温带、温带的干旱、半干旱的高原地区，南面是属于暖温带湿润地区的黄河中下游平原，而北方则为温带干旱、半干旱的塞外高原。

山西省地形多样，既有纬度地带性气候，又有明显的垂直变化。山西省地处中纬度，距海不远，但因山脉屏障，夏季风影响不大，属于暖温带、温带大陆性气候。年平均气温在 -4℃ ~14℃，气温地区分布总趋向是自南向北、自平川向山地递减。西部黄河谷地、太原盆地和晋东南的大部分地区，平均温度在 8℃ ~10℃。临汾、运城盆地年均温度达 12℃ ~14℃。冬季气温全省均在 0℃以下，夏季全省普遍高温，7 月气温介于 21° ~26℃。山西无霜期南长北短，平川长山地短。大同盆地为 110~140 天，五台山仅 85 天，忻州盆地以北和东部山区 135~155 天，临汾、运城盆地则长达 200~220 天。山西省有三个多雨区，一是晋东南太行山区和中条山区，二是五台山区，三是吕梁山区。全省年降水量在 400~650 毫米，但季节分布不均匀，夏季 6~8 月降水高度集中且多暴雨，降水量约占全年的 60%以上。全省降水受地形影响很大，山区较多，盆地较少。

（三）资源环境

作为国家重要的资源基地，山西省长期以来为国家的资源安全、经济发展做出了巨大贡献。近年来，围绕推进生态文明建设、促进转型跨越的总要求，山西省从污染物的总量减排切入，在环境保护方面取得了一定的进展与成效，但目前山西省环境形势依然严峻，仍是全国环境污染和生态破坏较严重的省份，生态环境脆弱与经济社会发展的矛盾依然突出。

1. 大气环境

《2015 年山西省环境状况公报》公布的结果显示，2015 年全省 11 个地级市年度环境空气质量均超过二级标准，11 个地级市环境空气质量达标天数平均为 253 天，占全年有效监测天数的 70.4%，比 2014 年上升了 7.1%。11 个地级市重污染天数平均为 12 天，占全年有效监测天数的 3.4%，比 2014 年下降了 0.8%。

2015 年，11 个地级市环境空气质量综合指数介于 5.36~7.13，综合指数由轻到重排名前 3 位的是大同、吕梁、晋城。与 2014 年相比，太原、大同、阳泉、晋城、晋中、忻州、吕梁 7 市综合指数下降，长治、朔州、运城、临汾 4 市综合指数上升。

2. 水资源环境

山西省地处黄土高原东部，属于温带大陆性气候，全年降水量较少，而降水为山西省地表水的主要补给来源之一；与此同时，煤矿开采对地表水易产生不良影响，导致地表水与地下水出现异常转化，大量地表水通过渗漏成为矿坑水，以上种种因素不仅导致山西省水资源缺乏，而且也进一步制约着山西省经济的可持续发展。

2006~2015 年，山西省水资源总量较丰富的年份为 2007 年、2011 年、2013 年，其中 2013 年水资源总量最高，为 126.55 亿立方米，降水量较丰富是这三年水资源总量相对较多的主要原因，2006～2015年山西省水资源总量及降水量如图3－1所示。

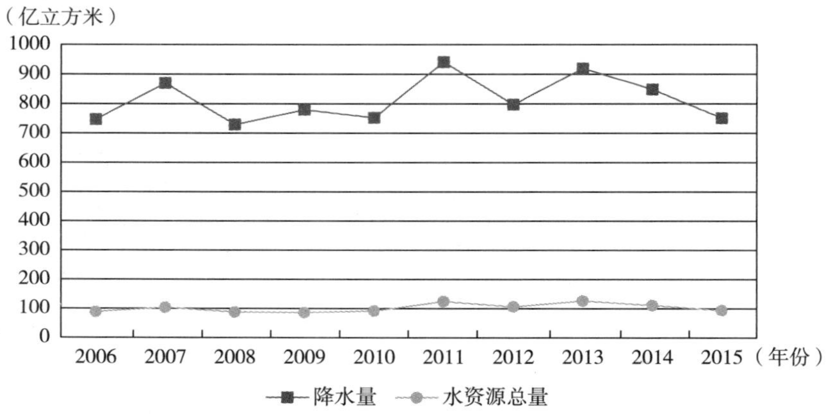

图3－1　2006～2015年山西省水资源总量及降水量

资料来源：根据《中国科技统计年鉴》整理得出。

另外，山西省水资源使用量呈现缓慢上升趋势，2015年山西省水资源使用量为73.59亿立方米，较2006年上涨了14.3亿立方米。其中，农业用水为山西省水资源使用的主要方面，根据2015年山西省水资源实际使用统计数据可得，农业用水约占山西省水资源使用量的58.21%，山西省工业用水量总体呈现逐年下降趋势，2015年山西省工业用水量为13.75亿立方米，约占山西省水资源使用量的18.68%，较2014年上升了1.67亿立方米。

在地表水方面，2015年山西省全省地表水水质属中度污染。按照《地表水环境质量标准》（GB 3838—2002）进行评价，监测的100个断面中，水质优良（Ⅰ～Ⅲ类）的断面为44个，占监测断面总数的44.0%，同比下降3.9%；重度污染（劣Ⅴ类）的断面为32个，占32.0%，同比上升7.0个百分点。2015年11个地级市共监测19个城市集中式饮用水源地，总体水质达标率为87.9%。其中太原、大同、长治、晋城、朔州、忻州、晋中、运城、吕梁9市水质达标率为100%，与2014年相比，水质基本保持稳定。

在水污染防治方面，2015年，山西省聚焦地表水、地下水、饮用水和城市黑臭水四类水体，确定水质优化目标，划分流域优先控制单元，提出“控制污染物排放、节约保护水资源、保障水环境安全、推进流域生态保护”四大任务，并组织制定了《山西省水污染防治工作方案》《各市水污染防治目标责任书》《山西省水污染防治2016年行动计划》等水污染防治政策及措施，截至2015年底，全省共建成136个污水处理厂，累计处理水量8.7亿立方米，城市污水处理率达87.9%，县城污水处理率达84.3%。

3. 矿产资源环境

山西省是一个矿产资源大省，矿产资源种类较为齐全、储存量相对丰富。截至2015年底，山西省已探明矿产120种，其中煤层气、铝土的储量均居全国首位。山西省含煤面积6.2万平方公里，占国土面积的40.4%；其中全省2000米以浅煤炭预测资源储量6552亿吨，占全国煤炭资源总量的11.8%；累计查明保有资源量2674亿吨，约占全国的1/4，其中，生产在建煤矿保有可采储量1302亿吨。其煤炭资源主要分布于大同、宁武、河东、西山、霍西、沁水六大煤田，另外，浑源、五台、垣曲、平陆、繁峙、灵丘、广灵、阳高八个煤产地也有少量分布。截至2015年底，全省已累计查明的煤炭资源储量约为2970亿吨，保有查明资源储量为2709亿吨，占全国总量的17.3%，居全国第3位。据统计，2015年山西省煤层气产量达到60亿立方米（约合480万吨原油当量），原煤产量94410.25万吨，焦炭产量8034.69万吨，多用于生产建设及工业方面。

针对产能过剩、可持续发展能力低、能源改革滞后等情况，《2016年山西省政府工作报告中》指出，“十二五”期间，山西省全力推进节能降耗，淘汰落后钢铁产能1498万吨、焦炭3507万吨、水泥4085万吨、电力182万千瓦。实施1500项节能改造项目，推行合同能源管理，万元地区生产总值综合能耗超额完成下降16%的目标任务。万元工业增加值用水量下降27%。工业固废综合利用率达到65%。

二、山西省高技术产业发展的经济、社会环境

经济环境是指企业面临的社会经济条件及其运行状况、发展趋势、产业结构、交通运输、资源等情况，是制约产业生存和发展的重要因素。社会环境则包括社会政治环境、经济环境、文化环境和心理环境等大的范畴，它们与组织的发展是息息相关的。

1. 经济环境

（1）产业结构。产业结构是指农业、工业和服务业在一国经济结构中所占的比重。产业结构的变化一方面为某些行业带来良好的市场机会，另一方面也会对其他行业带来生存的威胁。

从改革开放到现在，山西省良好的资源禀赋条件为其产业结构的形成奠定了基础，缘于地区资源优势及国家经济发展的空间布局，山西省形成了以煤炭、钢铁等高能耗行业为主的重型工业结构。从整体来看，山西省长期以来多依靠第二产业带动整个地区的经济发展，但由统计数据可得，近年来山西省第三产业占比

开始呈现逐年攀升的趋势，2006～2015年山西省三次产业产值占地区生产总值比重如图3-2所示。

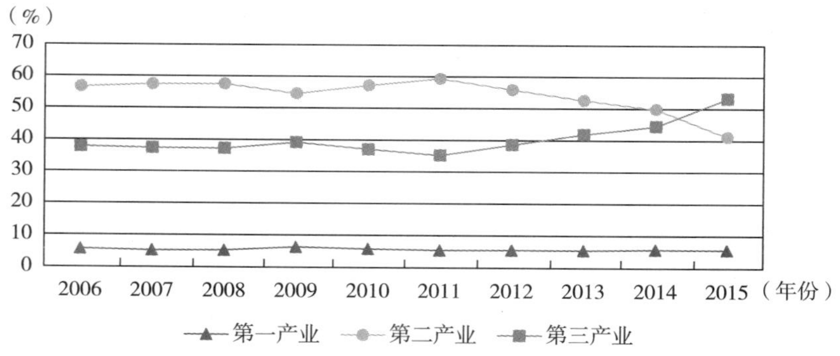

图3-2 2006～2015年山西省三次产业产值占地区生产总值比重

资料来源：根据《山西省统计年鉴》（2007～2016）整理得出。

与此同时，随着经济的发展，山西省三大产业发展情形所导致的相关问题也逐渐凸显。就经济发展情况来说，无论在全国范围内还是中部六省范围内，山西省经济地位的排名均是处于中后位置。山西省作为资源大省，早前的发展对资源的依赖性较大，在大力发展煤炭、电力等能源行业的同时，也逐渐在加深经济发展的资源依赖现象，但随着时间的推移，资源开采难度不断加大，使得资源成本不再是优势，原先的资源优势势必会逐渐削弱，最终成为制约全省经济可持续发展的现实约束。此外，山西省第一产业整体发展水平较低，对于经济增长的助力微乎其微，且占据了很大一部分劳动力，使得资源配置极其不合理。这些都因为初级行业的产品附加值低，且在资源依赖的基础上发展经济会降低自身对外部市场的反应能力。

从图3-2中可以看出，随着山西省经济的发展，山西省三次产业产值结构也发生了较大的变化：在山西省产值结构中，第一产业所占比重很小，变化趋势总体上呈现稳定态势。第二产业占比整体呈现下降状态，且在2016年达到最低占比水平，仅占41.1%。第三产业占比变化情况和第二产业占比变化情况呈反向趋势，整体呈现上升趋势，2015年第三产业产值占比超过第二产业所占地区生产总值比重，占比53.2%。

总体而言，山西省产业结构变化整体以2011年时间节点为转折，自2011年起第二产业产值占比由上升趋势变为下降趋势，第三产业产值由下降趋势变为上升趋势，主要是由于2011年山西省“十二五”规划的实施，产业结构“十二五”时期以来山西省产业政策的影响。但是整体而言，山西省产业结构长时间以来第二产业产值占到地区生产总值的50%以上，说明相较于第一产业和第三产业，第二产业对山西省经济发展的贡献程度较高。

（2）基础设施建设。城市基础设施是城市生存和发展所必须具备的工程性基础设施和社会性基础设施的总称，是城市中为顺利进行各种经济活动和其他社会活动而建设的各类设备的总称，主要分为能源设施、交通设施、环保设施等。公共基础设施是高技术产业赖以生存的基本条件，完善的城市基础设施对于高新技术产业的发展具有拉动作用。

就交通设施而言，山西省2015年全省高速公路完成投资179.36亿元，建设规模达到688公里。高速公路通车里程达到5028公里，其中山西与河北的省界高速互联互通出口已经达到10个，改扩建工程10个续建项目工程进展顺利，多条高速公路竣工通车，为全省经济社会发展提供了有效交通保障。

据统计，2015年全省公路通车里程达到140960公里，新增公路通车里程524公里。公路密度为89.95公里/百平方公里，每百平方公里新增公路0.34公里。公路通车里程中有国道5305公里，省道11691公里，县道20467公里，乡道48740公里，专用公路554公里，村道54203公里。其中，按技术等级进行划分：高速公路5028公里、一级公路2535公里、二级公路15158公里、三级公路18717公里、四级公路96406公里、等外公路3116公里。国省道16966公里中二级及二级以上里程15362公里，占国省道总里程的90.39%。属省公路局管养的普通干线公路11958.961公里，其中：一级公路1747.24公里，二级公路8577.581公里，二级及二级以上高等级公路占普通干线公路总里程的86.34%，较上年增加0.29%。

在机场建设方面，目前山西省共建成投入使用6大机场，其中太原武宿国际机场运营的航空公司通航航线108条，通航城市69个，新增17条经停航线在内的国内航线和19条加密国内航线，引进邮政航执飞货运航线，并且在与外航加强合作的基础上，开通曼谷、名古屋和岘港的3条国际定期航班。此后，山西还将大力加强公路与铁路、航空的枢组及客货集散中心建设，增强综合枢组城市的空货枢组布局与城市空间布局规划衔接。

在其他基础设施方面，据统计数据，2015年山西省绿地面积已达31000余公顷，其中太原市绿地面积达12264公顷，在城市交通方面，2015年末山西省实有公共汽（电）车数为7424辆，实有出租汽车运营车数为26676辆，年末供水综合生产能力在398.05万立方米/日，其中太原为197万立方米/日。由上述数据可知，当前山西省基础设施已越发完善，这对于山西省高技术产业的发展将产生极大的促进作用。

2. 社会环境

（1）人才环境。我国经济已由高速增长阶段转向高质量发展阶段，正处在转变发展方式、优化经济结构、转换增长动力的攻关期，建设现代化经济体系是跨越关口的迫切要求和我国发展的战略目标。党的十九大报告中提出，建设现代化经济体系，必须把发展经济的着力点放在实体经济上，把提高供给体系质量作为主攻方向，显著增强我国经济质量优势。如果缺乏实体经济作为经济发展支撑点，金融资产投资和交易的回报基础就会松散。大力发展高新技术产业，加快科技成果的产业化进程，以技术商品化为特点、以市场需求为导向加快中国经济结构的调整和升级是当前发展实体经济、实现经济现代化的方式之一。

《中国制造2025》提出，坚持“创新驱动、质量为先、绿色发展、结构优化、人才为本”的基本方针。习主席在全国组织工作会议上强调，要加快实施人才强国战略，确立人才引领发展的战略地位，努力建设一支矢志爱国、勇于创新创造的优秀人才队伍。国以才立，政以才治，业以才兴，人才是我国经济社会发展的第一资源，是建设制造强国和网络强国的关键。随着人才强国战略的实施，我国产业人力资源队伍建设取得了显著成绩，但产业人力资源总量不足、结构性过剩与短缺并存，高质量人力资源紧缺等问题仍不可小觑。

技术创新活动的开展需要高质量的创新人力资源作为支撑，据全国统计数据可知，2015年山西省规模以上工业企业研究与试验发展人员全时当量为28927人，在全国居第21位，较2014年下降了19.14%，具体情况如图3-3所示。

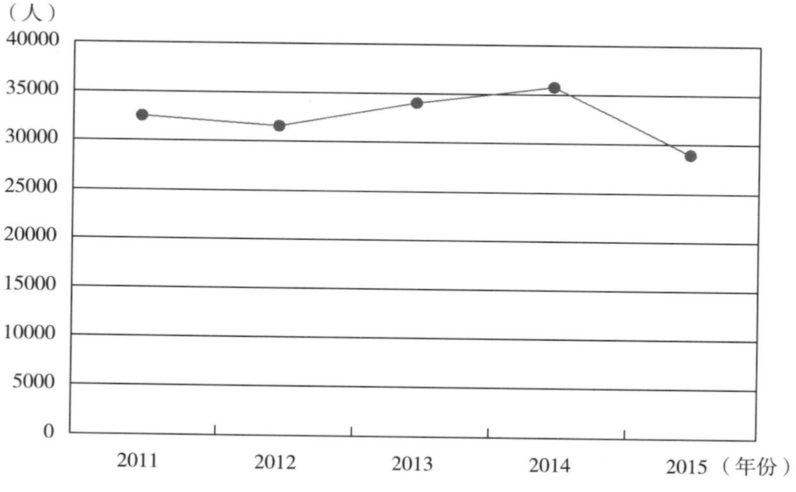

图3-3 2011~2015年山西省规模以上工业企业R&D人员全时当量

资料来源：根据《中国科技统计年鉴》整理得出。

人力资源作为高技术产业发展的重要推动力之一，其数量与质量将会对产业发展产生极大的影响，据统计，2016 年山西省高技术产业 R&D 活动人员数为 3774 人，居全国第 21 位，虽然较 2012 年增加了 26.6%，但仍低于全国平均水平，具体数据如表 3－1 所示。

表 3－1　2011～2015 年 31 个省、市、自治区高技术产业 R&D 人员数

单位：人

地区＼年份	2011	2012	2013	2014	2015
北京	18049	20408	23707	23741	22344
天津	10521	11622	13242	16062	24660
河北	6633	7638	8960	10956	13694
山西	1648	2981	3076	2322	2237
内蒙古	274	575	625	630	1110
辽宁	7066	10298	9717	10836	10095
吉林	3525	4422	3706	3463	3037
黑龙江	6341	5874	7216	7128	7469
上海	19051	22606	26865	24649	27371
江苏	79683	89303	100729	106001	108805
浙江	41738	49022	55109	62744	69707
安徽	8394	9973	11100	13151	15926
福建	22707	26786	29186	33141	26466
江西	7725	8219	9553	8760	10094
山东	29244	37499	46887	49122	50774
河南	9827	11117	15947	18284	20525
湖北	18127	22073	24479	25642	23673
湖南	6050	8333	9211	14501	22321
广东	179117	224334	208174	205106	203117
广西	2298	2310	1989	2157	2242
海南	632	1081	1617	1579	1499
重庆	4469	4818	5392	5874	9706
四川	6508	13638	19814	18509	18759
贵州	4130	6944	9100	9052	6372
云南	1933	2409	1885	1798	2321
西藏	14	8	11	13	12

续表

年份 地区	2011	2012	2013	2014	2015
陕西	13628	17367	21120	24057	20250
甘肃	870	1019	1035	1268	1118
青海	36	86	199	115	82
宁夏	446	405	473	638	805
新疆	490	66	103	140	395

资料来源：根据《中国科技统计年鉴》整理得出。

（2）技术环境。技术环境是影响企业经营宏观诸因素中最活跃的因素。新技术的出现往往会改变产业结构和战略均势。当前技术发展正在高速行进，对整体产业的发展方向及战略产生了强大的冲击及影响，企业必须以战略眼光密切注视技术前沿的动向和发展趋势。

1912 年，美国经济学家熊彼特提出了技术创新理论，随后该理论不断得到扩展及丰富。技术创新活动是一根完整的链条，包括科技创新政策、创新链、创新人才及创新文化。习近平同志在党的十九大报告中指出，加快建设创新型国家。要瞄准世界科技前沿，强化基础研究，实现前瞻性基础研究、引领原创性成果重大突破。2015 年，全国共投入研究与试验发展经费 14169.9 亿元，比上年增加 1154.3 亿元，增长 8.9%；研究与试验发展经费投入强度为 2.07%，比上年提高了 0.05 个百分点。

创新是一个民族进步的灵魂和经济发展的动力，创新能力和水平决定了一个国家、地区在社会经济竞争中的地位。在山西省高新技术产业系统的发展与建设过程中，各级有关部门重视技术创新工作的基础建设，立足于本省教育和科技发展，充分调动、发挥和挖掘各种技术创新资源，大力强化教育和科研开发，努力为高新技术发展创造有利的技术环境。2015 年山西省研究与开发人员全时当量为 4292 人，其中，从事基础研究、应用研究及试验发展的人员为 662 人、1502 人、2128 人，分别占研究与开发人员比重的 0.154、0.350、0.496，2015 年山西省高技术产业 R&D 机构数为 47 个，较 2011 年增加了 88%，居全国第 24 位，表明当前山西省对于高技术产业研究与开发的重视程度仍有明显不足，其中，2011~2015 年我国 31 个省、市、自治区高技术产业 R&D 机构数如表 3-2 所示。

在技术环境中，资金是确保技术创新顺利进行的关键因素。技术研发在初始阶段需要大量资金，包括前期的市场、技术等方面的调研，设备的购置以及人员的招募等。资金的充足与否以及资金供应速度的快慢，都会直接影响到研发的进程，因此，资金对于研究项目的整体实施具有重要影响。

表 3-2 2011~2015 年 31 个省、市、自治区高技术产业 R&D 机构数

单位：个

地区 \ 年份	2011	2012	2013	2014	2015
北京	256	287	250	304	313
天津	113	150	124	116	139
河北	78	110	122	148	167
山西	25	43	39	52	47
内蒙古	17	20	16	18	29
辽宁	77	159	123	107	110
吉林	51	88	78	54	55
黑龙江	50	67	75	68	63
上海	206	305	207	173	185
江苏	1229	2904	3019	3364	3489
浙江	935	1147	1136	1197	1308
安徽	201	341	324	405	535
福建	190	291	265	280	294
江西	77	107	131	177	203
山东	362	622	584	582	613
河南	190	248	237	238	310
湖北	140	256	192	204	242
湖南	133	224	247	274	295
广东	1111	1487	1103	1263	2045
广西	67	95	75	70	67
海南	22	33	29	22	28
重庆	82	113	116	141	153
四川	93	235	178	211	225
贵州	53	69	52	55	63
云南	35	56	49	51	54
西藏	1	4	4	2	1
陕西	114	185	151	155	160
甘肃	18	39	24	27	26

续表

地区 \ 年份	2011	2012	2013	2014	2015
青海	1	3	3	2	7
宁夏	11	15	11	9	18
新疆	3	5	8	16	21

资料来源：根据《中国科技统计年鉴》整理得出。

在现实生活中，随着创新主体的不同，资金投入的来源也不尽相同。国家创新由于项目规模大、涉及面广，通常需要雄厚的资金量，所以一般由国家财政拨款来提供资金支持，鼓励并支持其科研发展。对于企业创新而言，通常通过企业自身投入资金，或者采用与别家企业合作的方式引进投资进行研发。R&D 经费占主营业务收入的比重指标为反映创新活动主体的经费投入情况的衡量指标之一。据统计，2015 年山西省高技术产业 R&D 经费内部支出 42822 万元，居全国第 26 位，远低于全国平均水平的 847309. 32 万元；2015 年全国 31 个省、市、自治区高技术产业 R&D 经费内部支出及占主营业务收入比重如图 3 –4 所示，表明当前山西省高技术企业在技术创新活动资金投入方面仍有所欠缺。

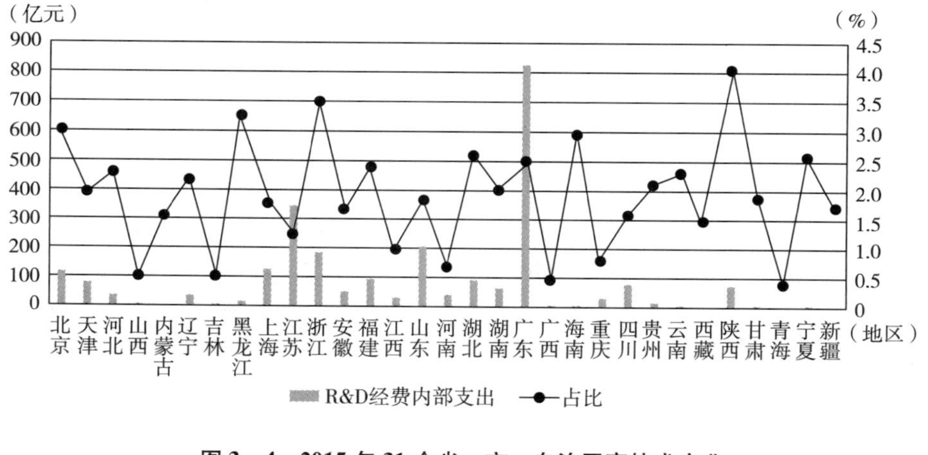

图 3 –4　2015 年 31 个省、市、自治区高技术产业 R&D 经费内部支出及占主营业务收入比重

资料来源：根据《中国科技统计年鉴》整理得出。

2015 年，山西省研究与试验发展经费为 132. 5 亿元，比上年下降了 12. 9%；研究与试验发展经费投入强度为 1. 04%，比上年降低 0. 15 个百分点。

依据研究与试验发展活动类型看，山西省研究与试验发展投入经费中，基础研究经费7.2亿元，比上年增长15.3%；应用研究经费14.5亿元，下降7%；试验发展经费110.8亿元，下降15%。基础研究、应用研究、试验发展经费所占比重分别为5.4%、11%和83.6%。

依据研究与试验发展活动主体看，山西省各类企业经费支出105.1亿元，比上年下降18.4%；政府研究机构经费支出15.5亿元，增长25.9%；高等学校经费支出11.4亿元，增长7%；其他支出0.5亿元，增长10.5%。企业、政府研究机构、高等学校、其他经费支出所占比重分别为79.3%、11.7%、8.6%和0.4%。

依据研究与试验发展活动地区看，研究与试验发展经费超过10亿元的市有4个，分别为太原、大同、长治和晋城；研究与试验发展经费投入强度超过全省平均水平的市有两个，分别为太原和大同，具体数据如表3－3所示。

表3－3　山西省各地R&D经费及R&D占GDP比重

地区	R&D经费（亿元）	R&D占GDP比重（%）
山西	132.5	1.04
太原	73.2	2.68
大同	12.9	1.22
阳泉	2.3	0.38
长治	10.7	0.89
晋城	10.1	0.97
朔州	1.3	0.14
晋中	3.8	0.37
运城	8.8	0.75
忻州	1.2	0.18
临汾	4.8	0.41
吕梁	3.4	0.36

资料来源：根据《2015年山西省科技经费投入统计公报》整理得出。

从中部六省看，山西省研究与试验发展经费投入仍排第6位；研究与试验发展经费投入强度排第5位，比上年下滑1位。湖北、河南、安徽、湖南、江西的研究与试验发展经费分别为561.7亿元、435亿元、431.8亿元、412.7亿元和173.2亿元，研究与试验发展经费投入强度分别为1.9%、1.18%、1.96%、1.43%和1.04%。

从31个省、市、自治区看，山西省研究与试验发展经费投入排第22位，比上年下滑2位；研究与试验发展经费投入强度仍排第20位。全国研究与试验发展经费为14169.9亿元，排前3位的分别为江苏、广东和山东。全国研究与试验发展经费投入强度为2.07%，排前3位的北京、上海、天津分别为6.01%、3.73%和3.08%。

（3）政策制度环境。政策环境广义指决定或影响政策制定和实施的自然条件和社会条件的总和，包括公共政策系统以外的一切与之相关的因素；狭义指影响公共政策产生、存在和发展的一切自然因素和社会因素的总和。政策环境因素都具有复杂性、多样性、差异性、动态性的特征。自然环境、社会经济环境、制度与文化环境、国际环境等因素是最为重要的政策环境。

高新技术产业政策主要包括：①税收政策，主要采用减免所得税、增值税以及营业税的方式支持企业和科研单位、大专院校的技术创新活动；②财政政策，主要采取政府直接与间接投入的方式引导和支持技术创新与高新技术产业发展；③人才吸引与激励政策，通过改善生活待遇，提供研究与开发和兴办高新技术企业条件等方式吸引优秀人才；④土地政策，利用用地规划向开发区倾斜的方式为高新技术产业开发区提供可持续发展的空间；⑤成果转化政策，以无形资产入股、奖励等方式加速高新技术成果转化为现实生产力；⑥金融政策，增加金融机构对高新技术产业的专项贷款以及金融市场方面的支持等形式促进高新技术产业的快速发展；⑦科技体制改革，将开发类科研机构采用转制或并入企业的方式来优化科技力量布局和科技资源配置。

近年来，国家对企业科技创新能力要求不断提升，山西省项目管理部门加大对高新技术企业培育力度，为高新技术企业发展提供了强有力的支撑。为加快推进创新型省份建设，完成区域经济转型升级目标任务，山西省深入推进以科技创新为核心的全面创新，促进发展动能向创新驱动转变。

在政策奖励方面，太原市对新认定的高新技术企业给予10万元补助；对年销售收入首次达到1000万元、2000万元、5000万元、1亿元的高新技术企业分别给予20万元、30万元、50万元、100万元补助；大同市依据山西省有关规定对首次通过或连续3次通过高新技术企业认定的企业，根据认定指标得分情况一次性最高奖励20万元；长治市对认定的国家级高新技术企业采取奖励性后补助方式给予财政性资金定额资助；临汾市对首次通过高新技术企业认定的企业，一次性奖励10万元，连续3次通过高新技术企业认定的企业，追加奖励10万元；忻州市建立高新技术企业培育库，对优秀企业进行重点培育，为申报高新技术企业做好储备。对进入高新技术企业培育库的企业一次性奖励10万元；朔州市对首次通过、重新认定通过或连续3次通过高新技术企业认定的企业，分别一次性给予10万元、5万元、20万元的奖励；阳泉市对新认定的高新技术企业一次性给予每家最高30万元奖励。

在高新技术产业园区方面，太原高新技术产业开发区学府园区鼓励企业积极申报高新技术企业，新认定为高新技术企业，给予50万元项目资助；山西转型综改示范区对新认定的高新技术企业一次性给予30万元奖励；对重新认定的高新技术企业一次性给予5万元奖励；长治高新区对首次认定的高新技术企业给予30万元奖励。对重新认定或有效期内将工商、税务注册登记地址变更至高新区的高新技术企业，给予20万元奖励。对年销售收入首次达到1000万元、2000万元、5000万元、1亿元的高新技术企业分别给予20万元、30万元、50万元、100万元奖励。

《山西省高新技术产业发展条例》指出，高新技术产业是指列入国家和省高新技术产业化领域指南，具有知识密集、技术密集、高成长性以及高经济效益特征，能够以规模化生产对区域经济和社会的可持续发展产生重要影响的产业。在政策扶持方面，经认定的高新技术产业化项目，自项目认定之日起五年内上缴的企业所得税、营业税、增值税的地方收入部分，由当地人民政府安排专项资金对该项目给予扶持；拥有自主知识产权的项目，除享受上述优惠外，第六年至第八年上缴的企业所得税、营业税、增值税地方收入部分的50%，由当地人民政府安排专项资金给予扶持。前款规定的专项资金，90%用于该项目实施单位的技术创新，10%纳入高新技术产业扶持资金集中使用。同时经认定的高新技术产业化项目，免收购置生产经营用房的交易手续费和产权登记费，免收项目建设过程中的相关费用；自认定之日起三年内由同级财政部门返还其项目用地的土地出让金和新增建设用地有偿使用费的地方留成部分，但改变土地用途的，必须将返还的资金全部退还同级财政。高新技术企业研究开发新技术、新产品、新工艺所发生的各项费用，比上年实际发生额增长10%以上，其当年实际发生的费用除据实列支外，年终经税务行政部门审核，再按其实际发生额的50%直接抵扣当年应纳税所得额。

在高新技术人才引进方面，《山西省高新技术产业发展条例》提出，境内外科技人员将其拥有的高新技术成果在本省进行转化的，可以优先获得省科技成果转化基金的支持。实施高新技术产业化项目以及高新技术企业引进的具有本科以上学历的专业技术和高级管理人才，可以将户口迁入用人单位所在的市，其配偶、未成年子女的户口也可以随同迁入，迁入户口不受指标限制。实施高新技术产业化项目以及高新技术企业引进的人才，已经办理暂住证的，其子女在入托、就学、升学等方面与当地城镇居民享受同等待遇。高新技术企业可以根据需要自主设置专业技术岗位和任职条件；需要聘任专业技术职务的，不受指标限制。以上要求为山西省高技术产业发展人才的引进奠定了政策基础。

《山西省中长期人才发展规划纲要（2010～2020年）》指出，要突出抓好高层次创新型科技人才、新兴产业创业型领军人才、重点领域急需紧缺人才的开发，实施人才投资优先保证政策，建立政府、社会、用人单位和个人多元化人才发展投入机制，优先保证对人才发展的资金投入；实施产学研合作培养创新人才的互动政策，建立政府指导下以企业为主体的产学研战略联盟。制定实施推动企业、高等院校和科研院所合作培养创新人才的激励政策，支持产学研合作；实施人才创业的扶持政策，加强高新技术开发区、经济技术开发区、工业园区和大学科技园、留学生创业园及海外高层次人才创新创业基地等创业载体建设，提高创业载体的人才集聚能力；实施高层次急需紧缺人才的引进政策。重点引进支柱产业、优势产业、新兴产业以及重点学科、重大工程所急需紧缺的高层次人才；实施有利于非公有制经济组织、新社会组织人才发展的鼓励政策，对各种所有制组织中的人才一视同仁、平等对待。把非公有制经济组织、新社会组织人才开发纳入各级政府人才发展规划；实施促进人才发展的公共服务政策，调整和完善人才公共服务政策，充分整合各类人才服务机构，培育规范人才中介服务机构，改进服务功能，拓展服务领域，形成公共服务和市场服务相互补充的人才服务网络体系。

综上可知，山西省各地区对于高技术产业的发展均给予了极大的政策支持，不断完善相关政策及规划，大力推进山西省高技术产业发展，为高技术产业升级提供动力及支撑。

第二节　山西省高技术产业发展现状

高技术产业发展直接影响到山西省资源性经济的转型，因此对高技术产业的支持是山西省社会经济发展的必然选择。本小节对山西省高技术产业的基本现状、产值结构现状和科研活动现状进行分析。

一、山西省高技术产业基本概况

高技术产业是科技、知识和资本密集度高，生产高附加值产品，具有巨大产业辐射效果和社会影响力，有较强的国际竞争力的新兴产业群，具有高智力性、高投入性、高风险性、高成长性、高效益性及高集群性等特征。

高技术产业是国际经济和科技竞争的重要阵地。发展高技术产业及基础业，对推动整体产业结构升级，提高劳动生产率和经济效益，具有不可替代的作用。

我国自20世纪80年代中期以来，通过实施“863”计划（国家高技术研究发展计划），国家科技重点攻关计划以及国家经贸委、信息产业部、教育部、中国科学研究院在发展高技术及其产业方面的一系列政策和措施，使得我国的高技术产业实现了较快的发展，并取得了较大的成就。当前，在中国经济总体增速放缓的情况下，高技术产业发展使经济发展的质量大幅提升，已经成为推动经济发展的主要动力。鉴于高技术产业对我国整体发展的重要性，未来我国对高技术产业发展的政策支持也将进一步加大，不断推进高新园区建设，在土地、税收、资金、人才等多方面加大对高技术产业支持力度。

山西省把发展高技术产业作为培育新型支柱产业、推动经济发展的主要措施之一，近年来，高技术产业在国民经济中的比重迅速增大，对山西省经济结构调整发挥了重要作用。山西省高技术产业总量增长速度加快，产业规模进一步扩大，“十三五”期间山西省高技术产业呈加速发展的态势。近年来，医药制造业，航空、航天器及设备制造业，电子及通信设备制造业，计算机及办公设备制造业，医疗仪器设备及仪器仪表制造业五大高新技术产业正常发展。

《2015年国务院政府工作报告》中明确提出：要促进新兴产业发展壮大，特别是推动装备制造业、新能源汽车产业、节能环保产业、新材料产业、生物制药、新型药物制剂等的发展。作为一个典型的资源型地区，当前山西省产业结构仍主要以传统产业为主，高技术产业发展明显不足，对经济发展的支撑度有限。政府相关激励扶持政策的针对性、指导性和可行性与产业发展需要存在较大差距。这要求山西省必须针对产业发展实际，借鉴国内外先进经验，构建战略性新兴产业和高新技术产业发展的政策支持体系，加快建设富有山西特色的现代产业体系，真正走出一条产业优、质量高、效益好、可持续的发展新路。总体而言，山西省高技术产业呈现出如下特点：

1. 高技术产业总量增长加快

2015年山西省高新技术产业主营业务收入达到864.7亿元，比上年提高8.96%；利润总额54.8亿元，比2014年提高28.34%，出口交货值449.5亿元，比上年提升2.65%。

2. 产业规模进一步扩大

2015年是山西科技管理体制改革之年，科技创新取得重大突破。高新技术企业发展水平是经济发展水平的一个重要指标，山西省高新技术企业在发展过程中，数量不断增长。截至2015年底，山西省高新技术企业数量达到725家，比2014年净增长205家，净增长率39.42%，两年翻了近一番；山西省科技进步水平综合指数排全国第17位，上升2位，增幅全国第一。2012～2015年山西省高新技术企业数量变化情况如下：2012年290家；2013年371家；2014年520家；

2015 年 725 家。由此可见，山西省高新技术企业数量在逐年增长，而且增长幅度越来越大。

3. 产业结构调整取得一定成效

“十二五”期间，医药制造业产值占高新技术产业比重呈现逐年上升趋势，航空航天制造业产值、电子及通信设备制造业产值、电子计算机办公设备制造业产值和医疗设备及仪器仪表制造业产值占高新技术产业比重则呈现出波动增长态势，但航空航天制造业产值、电子及通信设备制造业产值、电子计算机办公设备制造业产值占高新技术产业比重均在 2015 年有所下降，如图 3－5 所示。

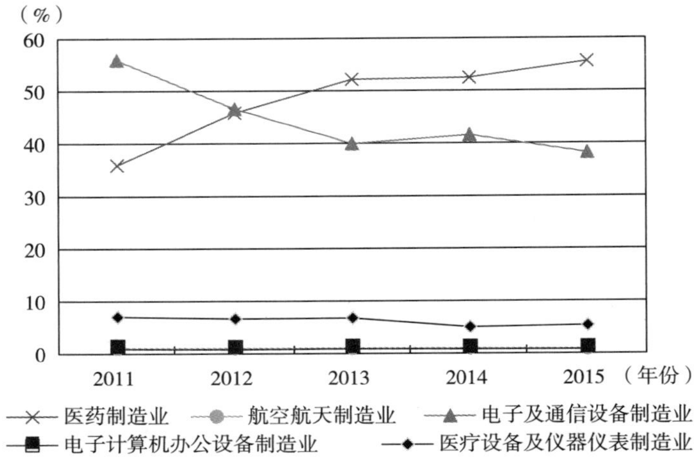

图 3－5　2011～2015 年山西省高技术产业各产值占高技术产业产值比重

4. 技术创新能力进一步提升

山西省高技术产业研究开发经费投入不断上升。山西省研究与试验发展经费内部支出由 2012 年的 1323458 万元增加到 2015 年的 1325268 万元，其中 2013 年山西省 R&D 经费内部支出经费最多，达 1549799 万元。在山西省 R&D 经费内部支出中，以政府资金和企业资金投入最多，2012 年政府资金投入 181572 万元，占 R&D 经费内部支出比重为 0. 1372，企业资金投入 1101797 万元，占 R&D 经费内部支出比重为 0. 8325，2015 年政府资金投入占比上升为 0. 1833，而企业资金投入占比则有所下降，为 0. 7869。具体数据如表 3－4 所示。

5. 高新技术产业园区规模进一步扩大

山西省现有国家级高新技术产业开发区两个：太原高新技术产业开发区、长治高新技术产业开发区，省级高新技术开发区十余个，还有一批高新技术产业化比较集中的经济开发区和专业园区。截至 2015 年底，太原市高新技术产业开发园区中有企业 1134 家，期末从业人员为 129143 人，营业收入为 17191432 万元，实缴税费 507593 万元，出口额 48715 万元，长治高新技术产业开发区中有企业 90 家，期末从业人员为 51966 人，营业收入为 2249679 万元，实缴税费 112842 万元，出口额 1049 万元。由此可见，山西省国家级高新开发区整体呈现良好的发展趋势。

表 3 -4　2011 ~2015 年山西省 R&D 经费内部支出按资金来源分类及占比

单位：万元，%

年份	R&D 经费内部支出	政府资金	企业资金	国外资金	其他资金	政府资金占比	企业资金占比	国外资金占比	其他资金占比
2011	1133926	156524	934630	1138	41640	0.1385	0.8245	0.0001	0.0369
2012	1323458	181572	1101797	683	39405	0.1372	0.8325	0.0005	0.0298
2013	1549799	248049	1263702	111	37936	0.1601	0.8154	0.0001	0.0245
2014	1521871	203264	1288606	469	29531	0.1336	0.8467	0.0003	0.0194
2015	1325268	242921	1042796	1766	37785	0.1833	0.7869	0.0013	0.0285

加快培育和发展高技术产业，是新时期中国经济社会发展的重大战略任务，也是山西省推进转型发展、跨越发展的重大战略举措。2015 年山西省工业投资 5283.1 亿元，增长 4.6%，年末全省规模以上工业企业 3731 家，比上年末增加 11 家。全年全省规模以上工业增加值下降 2.8%。同时高技术产业投资实现快速增长，高技术产业投资完成 210.31 亿元。本章主要根据国家统计局发布的《中国高技术产业统计年鉴》的行业划分从产业的生产经营状况和固定资产投资状况两方面对山西省的高技术产业发展现状进行分析，具体如表 3 -5 和表 3 -6 所示。

表 3 -5　2011 ~2015 年山西省高技术产业生产经营状况

年份	企业数（家）	从业人员年平均数（人）	当年价总产值（亿元）	主营业务收入（亿元）	利润（亿元）
2011	128	131814	698.1	402.4	28.4
2012	136	147733	769.0	621.5	39.8
2013	138	142061	832.1	707.8	25.1
2014	134	148667	884.0	793.6	42.7
2015	139	154228	995.3	864.7	54.8

资料来源：根据《中国高技术产业统计年鉴》（2012 ~2016）整理得出。

表 3－6　2011～2015 年山西省高技术产业固定资产投资状况

年份	施工项目（项）	新开工项目（项）	建成投产项目（项）	投资额（亿元）	新增固定资产（亿元）
2011	138	89	83	74.4	39.81
2012	145	76	70	126.92	68.05
2013	175	95	94	228.45	105.76
2014	163	89	92	254.09	132.63
2015	166	106	114	294.31	138.16

资料来源：根据《中国高技术产业统计年鉴》《山西省统计年鉴》整理得出。

根据表 3－5 和表 3－6 中数据可知：2011～2015 年，山西省高技术产业总产值稳步提高，年平均增长率为 2.12%，产业总体发展势头良好。高技术产业总量增长加快，产业规模进一步扩大，2015 年，山西省全社会工业固定资产投资中，高技术企业完成投资 294.31 亿元，同比增长 15.83%，高技术产业投资占全省工业投资的比重为 5.42%，同比提高 1.2 个百分点。由此可见，近年来山西省高技术产业呈现规模总量迅速攀升、对区域经济贡献率逐步提高的良好态势，产业基础进一步夯实。

二、山西省高技术产业产值结构

2015 年，山西省 GDP 为 12802.58 亿元，按可比价格计算，比上年增长 3.1%。其中，第一产业增加值 788.14 亿元，增长 1.0%，占生产总值的比重为 6.2%；第二产业增加值 5224.26 亿元，减少 1.1%，占生产总值的比重为 40.8%；第三产业为 6790.18 亿元，增长 9.8%，占生产总值的比重为 53.0%，人均地区生产总值 35018 元。

近年来，山西省的发展坚持稳中求进的工作总基调，贯彻新发展理念，按照高质量发展要求，把供改和综改相结合作为当前经济工作的主线，以“三大目标”（建设“资源型经济转型发展示范区”，打造“能源革命排头兵”，构建“内陆地区对外开放新高地”）引领经济发展各项工作，在外部环境趋紧、环保约束强化的背景下，支持转型综改示范区在建设高效政务服务体系、促进新兴产业集群发展、推动科技协同创新、加快绿色发展等方面进一步改革创新以及新动能培育步伐，以进一步推动全省经济高质量发展，同时以培育外贸主体、完善提升开放平台为抓手，大力发展开放型经济，加快构建对外开放新高地。

近十年来，山西省高技术产业内部产值结构发生了巨大的变化，如表 3－7 所示。

表 3－7 2005～2015 年山西省高技术产业产值结构状况 单位:%

年份	医药制造业	航空航天制造业	电子及通信设备制造业	电子计算机办公设备制造业	医疗设备及仪器仪表制造业	(合计)高技术产业
2005	72.98	0.77	0.77	10.41	15.06	100.00
2006	70.13	0.52	0.52	14.00	14.85	100.00
2007	78.76	0.52	0.52	3.50	16.71	100.00
2008	84.77	0.61	0.61	1.98	12.03	100.00
2009	41.29	0.31	50.51	0.87	7.02	100.00
2010	42.36	0.26	49.04	0.99	7.34	100.00
2011	35.90	0.21	55.90	0.92	7.06	100.00
2012	45.78	0.19	46.56	0.79	6.68	100.00
2013	52.16	0.20	39.94	0.92	6.78	100.00
2014	52.45	0.16	41.55	0.81	5.03	100.00
2015	55.58	0.07	38.20	0.78	5.37	100.00

资料来源：根据《中国高技术产业统计年鉴》(2006～2016) 整理得出。

由表 3－7 可知，2005～2015 年，医药制造业、航空航天制造业、电子计算机办公设备制造业以及医疗设备及仪器仪表制造业的发展情况多以 2008 年为分界点，2008 年以后其产业产值在高技术产业产值中占比呈现明显的下降趋势，但电子及通信设备制造业在 2008 年以后产值占比快速上升，由 2008 年的 0.61% 提高到 2009 年的 50.51%。

根据表 3－7 中数据可知：2005～2010 年，医药制造业的产值占比整体呈现下降趋势，2011～2015 年呈现出稳步上升趋势，“十二五”期间年平均产值占比在 49% 左右；电子及通信设备制造业在 2005～2009 年产值占比得到迅速提升，2011 年之后占比有所下降，“十二五”期间年平均产值占比在 44% 左右；医疗设备及仪器仪表制造业产值、电子计算机及办公设备制造业和航空航天制造业的发展均比较缓慢，产值占比呈逐年下降的趋势。由此可见，医药制造业和电子及通信设备制造业是山西省高技术产业中的主导产业，发展势头良好，其余产业的发展相对不足。

三、山西省高技术产业科技活动

科技活动指在所有科学技术领域内，即自然科学、农业科学、医药科学、工程与技术科学、人文与社会科学中，与科技知识的产生、发展、传播和应用密切相关的、全部的、有组织的、系统的科技活动。其中有组织的、系统的科技活动，指在一个机构的范围之内，并列入这一机构的工作计划，由这一机构的人员有计划地进行的科技活动。当前所统计的科技活动，指调查范围内有组织有系统开展的科技活动。包括研究与发展活动、研究与发展成果应用活动及科技服务活动。

1. 研究与发展活动

研究与发展是指为了增进知识，以及利用这些知识去开创新的用途而进行的系统的创造性工作。它具备四种基本条件：创造性、新颖性或创新、科学方法的运用和新知识的产生，包括三种类型：基础研究、应用研究和实验发展。

基础研究是指不直接考虑用途，以揭示客观事物的本质、运动规律，获得新发现、新学说为目的或对已有的规律、发现、学说作系统性的补充而进行的理论研究或实验。其成果以科学论文、科学著作为主要形式，是对新理论、新原理的探讨，目的在于发现新的科学领域，为新的技术发明和创造提供理论基础。

应用研究是指将基础研究所发现的知识及新的理论应用于确定特定的目标，为明确基础研究成果实用化的可能性，探索新方法而进行的独创性研究，是及时对已经实用化的技术探索新的应用方法而进行的研究，是基础研究的继续，目的在于为基础研究的成果开辟具体的应用途径，使之转化为实用技术。应用研究实际上并不直接产生新的或改进产品或工艺，其成果为科学论文、科学著作、原理性模型和专利等。

实验发展是把基础研究、应用研究应用于生产实践的研究，是科学转化为生产力的中心环节，是指利用基础研究、应用研究及实际经验所获得的知识，为生产新的材料、产品和装置，建立新的工艺、系统和服务，对已生产和建立的上述各项进行实质性的改进而从事的系统性工作。其成果为一种具有新产品或新技术基本特点的原型，可达到设计定型的新产品或新工艺、实验报告等。

基础研究、应用研究、开发研究是整个科学研究系统三个互相联系的环节，三者在一个国家、一个专业领域的科学研究体系中协调一致地发展，2011～2015年山西省基础研究、应用研究及开发研究经费投入如图3－6所示。

2. 研究与发展成果应用

研究与发展成果应用是指为解决研究与发展活动阶段产生的新产品、新装置、新工艺、新技术、新方法、新系统和服务等能投入生产或在实际中运用所存在的技术问题而进行的系统性活动，它不具有创新成分。此类活动包括为达到生产顺利进行以及为形成生产规模和应用领域而进行的适应性试验、小批量试生产等。活动成果最终形式多是可供生产和实际使用的带有技术、工艺参数规范的图纸、技术标准和操作规范等。

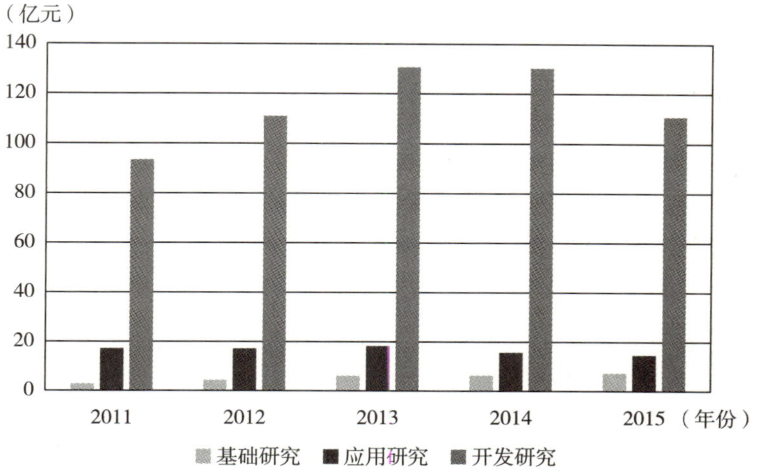

图3-6　2011～2015年山西省基础研究、应用研究及开发研究经费投入

3. 科技服务活动

科技服务活动是指同研究与发展活动、研究与发展成果应用活动有关的以及有助于科技知识的产生、传播和应用的活动。科技服务统计指为研究与发展活动直接服务以外的科技服务活动，如情报、文献、咨询等，其完全或主要是为某项研究与发展活动而开展的辅助性活动。扩展到行业层面，国家依据《中华人民共和国统计法》《国务院关于加快科技服务业发展的若干意见》（国发〔2014〕49号），为科学界定科技服务业的统计范围，建立科技服务业统计调查制度，以《国民经济行业分类》（GB/T 4754—2011）为基础，制定国家科技服务业统计分类，将科技服务业范围确定为科学研究与试验发展服务、专业化技术服务、科技推广及相关服务、科技信息服务、科技金融服务、科技普及和宣传教育服务、综合科技服务七大类。

科学技术服务活动通常是在专设的以提供科学技术服务为主要目的的独立的机构内进行，如科技情报机构、统计机构、大学的中心图书馆、档案馆、博物馆、植物园和动物园等地，也可以作为一项辅助性活动在从事其他主要活动的科技机构内进行。

考察高新技术企业自主创新的投入主要依据企业研发经费以及研发人员的投入情况，因此，通过对高新技术企业自主创新所投资金和技术人才的状况进行分析研究，能够很好地反映企业的自主创新投入现状。

企业研发经费指企业在科技领域，为增强自身知识素养，以及在此基础上进行的系统的创造性活动，包括基础研究、应用研究、试验发展过程中发生的费用，主要包括开发人员的报酬、仪器设备费、材料费、房产设施费以及其他费用。开发人员的报酬主要包括开发人员的薪资、绩效以及福利方面的支出等；仪器设备费主要包括企业在进行研发活动过程中，所使用仪器设备的购置费及相关税金、日常的维护费以及与仪器使用相关的费用等。材料费主要包括研发过程中，要进行各种试验而发生的原料和半成品耗费；房产设施费主要包括房产设施构建费、改建扩建费等费用；其他费用主要包括资料费、日常水电费、印刷费、照明费等。高新技术企业 R&D 强度常被用来界定高新技术企业，也是评价企业自主创新实力的关键标准之一。一般认为，R&D 经费投入通过两种途径影响着高新技术企业的自主创新行为，R&D 经费投入较多的企业，企业在创新过程中更容易获得创新资源，大大增强了其成功率，而 R&D 经费投入较少的企业一般都是依靠引进外来技术进行生产，虽然节省了研发成本，降低了开发失败的风险，但同时也会造成企业对外部技术的依赖性，阻碍企业的长远发展。

从总体上看，2015 年山西省高技术企业研究与试验发展经费投入 4.28 亿元，占企业主营业务收入的 0.5%，与北京（3.01%）、上海（1.78%）、江苏（1.20%）、浙江（3.50%）、山东（1.80%）、广东（2.48%）等科技发达地区差距悬殊。由统计数据可知，近年来山西省高技术企业的研究与试验发展强度一直呈现平稳发展状态，但与科技发达地区的同等指标仍存在很大差距，说明山西省高技术企业在 R&D 经费的投入方面具有很大的提升空间，企业对于研究与试验发展经费投入在一定程度上制约了山西省高新技术企业的发展。因此，山西省的研究与试验发展经费投入相关问题亟待解决。

关于产业科研活动方面，近年来山西省高技术产业科研开发投入有所下降。2011～2013 年 R&D 经费内部支出增长迅速，年均增长率为 56.94%，2013 年后出现下降，2013～2015 年的年均增长率为 -13.39%，同时，企业的科技投入主体地位有所提高。就各行业的研发经费投入强度情况而言，除航空航天制造业外整体较低（见表 3-8）。

表 3-8　2011～2015 年山西省高技术产业研发经费投入强度　　单位:%

年份	医药制造业	航空航天制造业	电子及通信设备制造业	电子计算机办公设备制造业	医疗设备及仪器仪表制造业	高技术产业
2011	2.18	58.67	0.14	3.05	1.68	0.86
2012	1.40	66.41	0.15	5.20	8.10	1.32
2013	1.37	61.28	0.61	1.61	6.89	1.35
2014	1.67	74.50	0.58	2.66	1.48	1.07
2015	1.38	165.46	0.30	9.70	1.42	0.83

资料来源：根据《中国高技术产业统计年鉴》（2012～2016）整理得出。

由此可见，山西省高技术产业科研投入不足的局面尚未得到改观，而科研经费投入是增加产业原始技术创新供给、提升企业创新能力的重要保障。对于高技术产业而言，产业的持续创新能力是产业赖以发展的重要依靠，因此，需对产业的科研投入情况加以重视。

第三节　山西省高技术产业人力资源现状

山西省实现资源型省份转型跨越发展的关键在于科技型人才与高新技术产业。高新技术产业的发展引领山西省的产业转型，科技型人才则为山西省的经济转型提供人才支撑。一省科技型人才的发展水平以及高新技术产业的发展规模可以由该省的科技型人才聚集水平和高新技术产业聚集水平体现出来。科技型人才聚集的规模、发展水平，高新技术产业聚集的规模、发展水平，以及二者之间能否协调发展对于处在经济转型关键时期的山西省至关重要。因此，对山西省的科技型人才聚集与高新技术产业聚集的协调发展研究既是对相关理论的丰富，具有一定的理论意义，同时也对山西省做好资源型经济转型工作具有实际的借鉴意义。本章通过《中国统计年鉴》《中国科技统计年鉴》《中国高技术产业统计年鉴》等统计数据对山西省高技术产业人力资源的总量现状、质量现状、结构现状进行分析。

科技型人力资源在区域之间的流动会产生科技型人力资源聚集现象。科技人力资源在生活环境、职业发展环境、学术环境等区域要素的作用下，由边际收益较差的区域向边际收益较好的区域集聚，引起的该区域内的科技型人力资源聚集密度大于周边区域的现象就是科技型人力资源聚集现象。科技型人力资源集聚具有以下特征：

（1）地域性。科技型人力资源向地域内的聚集必然是地域空间层面的集聚，是从不同的空间地域向某一地域集聚的过程。这种集聚，是通过不同区域内的科技人力资源向整体环境较好的区域内聚集实现的，涉及科技型人力资源由不同的区域空间向更适宜发展的地域的流动，具有地域性。

（2）聚类性。科技型人力资源在某些区域内的聚集，并不只是同一种学识背景、成长环境的科技型人力资源的集聚，是具有不同学识背景、不同成长环境，但可能在同一研究领域的科技型人力资源在地域空间内的聚集，而同质、异质的科技型人力资源又会在聚集区域内不断地聚合，具有聚类性。

（3）规模性。科技型人力资源向地域内的聚集是一个过程，而只有区域为集聚的科技型人力资源在数量、质量、成果等达到的一定数量、规模时，才会使该地域内的人才聚集密度高于周边区域，因此，科技型人才聚集有规模性的特征。

一、产业人力资源总量现状

科技型人力资源是当前经济发展所需人力资源中最优质的稀缺资源，对于高技术产业有着极大的吸引力。随着科技型人力资源在区域上的集聚，科技型人力资源呈现出数量增多、质量提高等趋势，从而使得该区域人才聚集的密度、质量高于周围其他地区，与此同时，随着区域内科技型人力资源集聚达到一定规模，科技型人力资源规模效应就会显现，为特定区域内高技术产业发展提供必需的基础从业人员以及高技术科技创新人才，从而形成劳动力外部经济性。

外部经济性是指经济主体在经济活动中由于市场失效和技术等原因把一部分额外效益免费或无价转移给其他经济主体的现象，是一个经济主体的行为对另一个经济主体的福利所产生的影响效果，而这种影响效果并没有从货币上或市场交易中反映出来。马歇尔认为产业聚集的重要原因之一就是外部经济性，集聚能够为企业创造更好的外部经济性，而外部经济性重要的一点就是劳动力市场的规模聚集。多种专业背景的科技人才在区域上的集聚，创造了高素质知识水平的科技型人才市场，并推动着科技型人才市场在人才专业的影响下的专业化，为区域内高新技术企业创造优质人才市场的同时，大大降低区域内高新技术企业人才搜寻成本、交易成本，实现科技人才与高新技术产业的有效链接，为高新技术产业的集聚积累大量的人力资本、智力资本，吸引高新技术产业向区域内聚集。

科技型人力资源对资源型经济转型的支撑作用主要体现在资源型产业劳动生产率提高、新兴产业规模壮大和现代服务业快速发展三个方面。具体表现为：对科技型人力资源的投资，可以提升企业的自主创新能力，加速高新技术扩展，并以此作为调整产业结构、转变增长方式的中心环节，促进资源型地区工业产业的转型升级，引导新兴产业规模扩大，同时促进现代服务业发展，实现经济可持续发展。

在经济新常态下，资源型地区经济发展趋于缓慢，资源型产业进入瓶颈，资源型地区的经济很大程度上依赖于非资源型产业尤其是新兴产业的发展，表现为科技人才匮乏和新兴产业结构低下。新兴产业是以新兴科技创新为主的产业，新兴产业结构低下将导致产业创新能力下降，对科技人才的需求产生不足；新兴产业结构低下，进而导致企业效益下降，将会在一定程度上影响科技人才的收入水平，科技人才作为企业进行科技创新的主体，将会减弱对企业的创新支撑作用，从而形成恶性循环。因此，科技型人力资源的存量和质量将直接影响新兴产业的科技创新能力和产业结构，科技型人力资源自主创新能力增强将优化新兴产业结构，增加对科技人才的需求，进而增加科技人才的战略投资，最终推动新兴产业以及资源型地区的经济发展。

科技型人力资源对资源型经济转型支撑力的评价结果是资源型地区制定科技型人力资源相关政策，建立科技型人力资源开发体系与引进科技型人力资源聚集的基础。资源型地区科技型人力资源发展战略和科技型人力资源政策的调整优化必须依托于评价结果，只有从评价结果中发现欠缺和不足所在，才能针对性地提出解决方案，提高科技人才的管理效率，进而提升资源型经济转型的效用。

为了对山西省高技术产业人力资源总量现状方面有一个清晰的认识，本章将山西省高技术产业人力资源的总量数据与除港、澳、台以外的其他省、自治区和直辖市的相关数据进行横向对比分析，具体数据如表 3－9 所示。

表 3－9　2011～2015 年 31 个省、自治区、直辖市高技术产业从业人员数量

单位：人

年份 地区	2011	2012	2013	2014	2015
北京	259535	282589	287281	282024	270226
天津	238898	295597	271138	298182	275810
河北	181494	182291	197432	198644	213006
山西	131814	147733	142061	148667	136932
内蒙古	31145	30896	32651	30947	39127
辽宁	198248	212992	218388	212474	194983
吉林	127094	155255	151519	151717	152216
黑龙江	74220	80626	83853	79524	79198
上海	586846	596542	609434	580596	571217
江苏	2333488	2486148	2461783	2446480	2473976
浙江	586366	644264	670358	672586	691881
安徽	149818	187326	205182	252133	266994
福建	332282	355641	377439	372151	376757
江西	239996	267263	277522	311199	366782
山东	553395	674943	691324	726301	731784
河南	400204	553026	633971	697405	766007
湖北	221429	268785	293598	320261	349825
湖南	214075	251829	303637	304722	313984

续表

年份 地区	2011	2012	2013	2014	2015
广东	3614903	3842156	3803831	3872690	3890108
广西	104282	116808	125132	134289	143477
海南	14119	17252	18732	16200	16828
重庆	115688	179452	219274	246281	274149
四川	426474	515131	501539	501205	514758
贵州	63297	49315	47061	72532	91231
云南	25390	31775	35272	39335	43596
西藏	1060	1130	1452	1676	1200
陕西	211006	216232	230560	241918	241497
甘肃	24873	26974	28398	26694	27626
青海	4638	5747	5945	7084	8333
宁夏	5612	7161	6726	7417	11270
新疆	7464	3843	4377	6933	11091

资料来源：根据《中国高技术产业统计年鉴》（2012～2016）整理得出。

表3－9中数据表明：首先，山西省高技术产业与中国发达地区在产业从业人员的数量上存在很大的差距，与产业从业人员数最多的广东省相差370万人左右，数量比为1∶29，与产业从业人员数排名第二的江苏省的数量比为1∶18；即使在中部地区，山西省高技术产业从业人员的数量也是居于末位，2015年只有13万多人，仅为中部地区人数排名第五的安徽省的1/2。其次，山西省高技术产业从业人员总量虽呈现出逐年上升趋势但是其增速缓慢，在2011～2015年的产业从业人员平均增长速度为2.99%，在全国范围内处于中下游水平，在中部六省中亦处于末位。

二、产业人力资源质量现状

1. 产业人力资源学历和职称现状分析

产业人力资源素质结构是对产业中人力资源水平高低的反映，主要包括学历结构分析和职称结构分析。高质量的产业人力资源对于促进产业发展有着突出的贡献作用。表3－10和表3－11反映了2015年山西省高技术产业从业人员学历结构和职称结构的基本情况。

表 3－10　2015 年山西省高技术产业从业人员各级学历人数　　单位：人

学历	医药制造业	航空航天制造业	电子及通信设备制造业	电子计算机办公设备制造业	医疗设备及仪器仪表制造业	（合计）高技术产业
博士研究生	1260	212	1929	40	111	3551
硕士研究生	3465	973	12538	299	553	17828
本科	10079	1523	42436	598	1051	55687
专科及以下	16693	1523	40507	1057	1051	60831

资料来源：根据《中国高技术产业统计年鉴》（2016）、《中国科技统计年鉴》（2016）整理得出。

表 3－10 中数据显示：截至 2015 年底，山西省高技术产业具有博士研究生学历人数为 3551 人，占比 2.57%，略低于全国平均水平的 3.18%，硕士研究生学历人数为 17828 人，占比 12.93%，低于全国平均水平的 14.36%；其中，医药制造业、电子及通信设备制造业和电子计算机办公设备制造业中硕士、博士研究生占比均小于全国平均水平。

表 3－11　2015 年山西省高技术产业从业人员各级职称人数　　单位：人

职称	医药制造业	航空航天制造业	电子及通信设备制造业	电子计算机办公设备制造业	医疗设备及仪器仪表制造业	（合计）高技术产业
初级及以下职称	18583	2158	67512	1296	1659	91208
中级职称	7559	1565	18325	439	691	28579
高级职称	5354	508	10609	279	442	17193

资料来源：根据《中国高技术产业统计年鉴》（2016）、《中国科技统计年鉴》（2016）整理得出。

表 3－11 中数据显示：截至 2015 年底，山西省高技术产业从业人员中具有高级职称人员数量为 17193 人，占比为 12.55%，中级职称人员为 28579 人，占比为 20.86%，具有中、高级职称的人员占比略小于全国平均水平；其中航空航天制造业和电子通信设备制造业中具有中高级职称的人员占比与全国平均水平差距较大，其他三个产业与全国水平基本持平。由此可见，高水平高素质人力资源的短缺是产业发展面临的重要问题，高水平人力资源的高创造力将会在产业发展的进程中起到极大的推进作用。

2. 产业科技人员现状分析

高技术产业由于其高技术性和对高研发要求的特征，科技研发活动在产业的发展过程中起到重要的作用，科技人力资源作为科技研发活动的主要承担者，对产业发展的贡献亦是不言而喻的。表 3 – 12 为 2005 ~ 2015 年山西省高技术产业 R&D 人员的基本情况。

表 3 – 12　2005 ~ 2015 年山西省高技术产业科技人力资源占比情况

年份	产业从业人员（个）	R&D 人员（个）	所占比例（%）
2005	47562	1800	3. 78
2006	66712	2237	3. 35
2007	96239	1938	2. 01
2008	94374	2616	2. 77
2009	96724	2692	2. 78
2010	124245	1852	1. 49
2011	125214	2617	2. 09
2012	147733	3904	2. 64
2013	142061	4731	3. 33
2014	142391	4142	2. 91
2015	136932	3468	2. 53

资料来源：根据《中国高技术产业统计年鉴》（2006 ~ 2016）整理得出。

表 3 – 12 中数据显示：2005 ~ 2015 年，山西省高技术产业科技人力资源在产业人力资源的占比呈逐年下降趋势，2010 年之后比例有所回升，基本维持在 2. 7% 左右，低于全国平均水平 3. 01%。

根据表 3 – 13 可知，具体到各产业而言，电子及通信设备制造业科技人力资源占比最小，2010 ~ 2015 年的平均值仅为 0. 56%，远低于全国平均水平的 6. 08%；医疗设备及仪器仪表制造业的占比最多，达到 15. 25%，高于全国平均水平的 9. 66%；电子计算机办公设备制造业为 9. 09%，与全国平均水平基本持平；航空航天制造业为 6. 91%，低于全国平均水平的 15. 12%；医药制造业为 6. 83%，低于全国平均水平的 8. 45%。由此可见，科技人力资源的短缺是严重制约着山西省高技术产业健康可持续发展的瓶颈，其中电子及通信设备制造业和航空航天制造业的短缺问题尤为严重。

表 3－13　2005～2015 年山西省高技术产业各产业科技人力资源占比情况

单位：%

年份	医药制造业	航空航天制造业	电子及通信设备制造业	电子计算机办公设备制造业	医疗设备及仪器仪表制造业
2005	2.66	4.73	2.33	5.20	7.80
2006	2.82	5.98	1.34	5.27	11.04
2007	3.31	4.88	0.29	6.15	6.87
2008	6.03	6.12	0.47	4.16	19.65
2009	5.06	7.56	0.59	6.41	10.83
2010	3.27	7.12	0.26	9.66	2.10
2011	6.35	6.87	0.34	8.98	3.86
2012	5.99	5.67	0.29	8.20	22.39
2013	6.50	6.85	0.86	6.71	34.65
2014	8.26	7.12	0.77	10.64	8.77
2015	7.06	8.06	0.52	10.93	6.58

资料来源：根据《中国高技术产业统计年鉴》（2006～2016）整理得出。

三、产业人力资源结构现状

1. 产业人力资源行业结构

近年来，随着山西省经济结构的调整，山西省高技术产业从业人员在各行业分布格局也在发生着剧烈的变化，表 3－14 为 2005～2015 年山西省高技术产业中各行业从业人员分布的情况。

表 3－14　2005～2015 年山西省高技术产业从业人员行业分布结构　单位：%

年份	医药制造业	航空航天制造业	电子及通信设备制造业	电子计算机办公设备制造业	医疗设备及仪器仪表制造业	（合计）高技术产业
2005	57.01	9.25	8.57	12.77	12.40	100.00
2006	42.09	5.29	35.44	8.99	8.19	100.00
2007	28.21	5.02	56.60	3.85	6.31	100.00
2008	27.12	4.07	62.99	3.56	2.26	100.00
2009	27.66	3.94	60.31	3.24	4.85	100.00
2010	25.39	3.31	65.28	1.68	4.33	100.00
2011	20.85	3.36	70.33	1.64	3.81	100.00
2012	18.86	3.08	72.13	1.39	4.53	100.00

续表

年份	医药制造业	航空航天制造业	电子及通信设备制造业	电子计算机办公设备制造业	医疗设备及仪器仪表制造业	（合计）高技术产业
2013	22.97	3.09	69.82	1.43	2.69	100.00
2014	21.72	3.18	71.55	1.38	2.17	100.00
2015	23.00	3.09	70.43	1.46	2.02	100.00

资料来源：根据《中国高技术产业统计年鉴》（2006～2016）整理得出。

根据表3－14可知，2005～2015年山西省高技术产业发生了很大变动，2005年医药制造业人力资源占据高技术产业总体的57.01%，超过一半以上，之后逐年减少，到2015年减少至23%；电子及通信设备制造业在2005～2010年人力资源占比迅速增长，2011～2015年占比趋于稳定，并且平均人力资源占比达到70%；其余三个产业占比都比较小，并且呈逐年减少的趋势。由此可见，电子及通信设备制造业和医药制造业是目前山西省高技术产业人力资源集中的主要行业。

2. 产业人力资源年龄结构

产业部门的发展需要劳动力资源的支撑，人力资源年龄结构对产业发展有着重要的影响，人力资源中青年人口比重较高时，产业结构升级将更为迅速。表3－15反映了2015年山西省高技术产业从业人员各年龄段的人数。

表3－15　2015年山西省高技术产业从业人员各年龄段人数　　单位：人

年龄	医药制造业	航空航天制造业	电子及通信设备制造业	电子计算机办公设备制造业	医疗设备及仪器仪表制造业	（合计）高技术产业
35岁及以下	8504	719	44365	758	1078	55424
36～45岁	9764	1650	26040	718	719	38891
46～55岁	9134	1354	17360	359	608	28815
56岁及以上	4095	508	8680	179	359	13821

资料来源：根据《中国高技术产业统计年鉴》（2016）、《中国科技统计年鉴》（2016）整理得出。

表3－15中数据显示：山西省高技术产业从业人员中45岁以下的从业人员占到总人数的68%，但同时产业中56岁及以上的从业人员占比高达10%，高于全国平均水平的7.6%，其中医药制造业占比12.6%，航空航天制造业占比12.3%，医疗设备及仪器仪表制造业占比13.4%，均远高于全国平均水平。由此

可见，目前山西省高技术产业人力资源年龄结构整体良好，青壮年是产业人力资源的主力军，但同时老龄化趋向的人力资源占比较高，将是制约产业可持续发展的一个重要因素。

第四节 山西省高技术产业与产业人力资源协调性分析

一、人力资源结构与产业结构的协调度分析

为了对山西省高技术产业人力资源结构与产业结构协调性进行进一步深入了解，本书采用人力资源偏离度来测度目前产业人力资源结构与产业结构的矛盾性。人力资源偏离度是对产业人力资源结构与产业结构协调性的反映，若绝对值越大，则产业人力资源结构与产业结构的协调性越差，其计算公式如下：

$$R_{ai} = \frac{G_i/G_1}{P_i/P_1}$$

$$R_a = \sum_{i=1}^{n} \left| R_{ai} \right.$$

其中，R_{ai}表示高技术产业中某产业的高技术产业内部人才偏离度，G_i/G_1 表示高技术产业中某一产业产值占高技术产业总产值的比重，P_i/P_1 表示山西省高技术产业中某一产业从业人员数占高技术产业从业人员总数的比值。产业人力资源结构与产业结构的协调性用字母 K 表示，R 与 K 的具体关系如表 3－16 所示。山西省高技术产业人力资源偏离度计算结果如表 3－17 所示。

表 3－16 人力资源结构与产业结构协调性关系

偏离度	R<0	R=0	R>0
K	供过于求	协调	供不应求
	协调性低 ⟵⟶ 协调性低		

根据表 3－16 的计算结果可知：在山西省高技术产业内部中，人力资源结构与产业结构的构成比例是不协调的，人力资源在产业内部没有达到有效的配置，并且从 2009 年以来总偏离程度在逐年增大。医药制造业和医疗设备及仪器仪表制造业的偏离度系数长期为正值，而其余三个产业的偏离度系数长期为负值，值

得注意的是，此处偏离度的正负值不能真正意义上反映各个产业是供大于求还是供不应求，因为山西省高技术产业整体处于人才短缺的状态，此处的偏离度能说明长期以来医药制造业和医疗设备及仪器仪表制造业的人力资源相对短缺程度要高于其余三个产业。

表3－17　2005～2015年山西省高技术产业内部人力资源结构偏离度

年份	总偏离度	医药制造业		航空航天制造业		电子及通信设备制造业		电子计算机办公设备制造业		医疗设备及仪器仪表制造业	
		偏离度R	偏离度贡献率（%）	偏离度R	偏离度贡献率（%）	偏离度R	偏离度贡献率（%）	偏离度R	偏离度贡献率（%）	偏离度R	偏离度贡献率（%）
2005	2.51	0.28	11.18	－0.92	36.57	－0.91	36.31	－0.18	7.36	0.22	8.59
2006	3.92	0.67	16.98	－0.90	23.00	－0.99	25.12	0.56	14.19	0.81	20.71
2007	5.42	1.79	33.07	－0.90	16.56	－0.99	18.28	－0.09	1.70	1.65	30.40
2008	8.74	2.13	24.33	－0.85	9.74	－0.99	11.34	－0.44	5.08	4.33	49.51
2009	2.76	0.49	17.86	－0.92	33.42	－0.16	5.89	－0.73	26.56	0.45	16.27
2010	2.94	0.67	22.69	－0.92	31.29	－0.25	8.45	－0.41	13.94	0.70	23.63
2011	3.16	0.72	22.87	－0.94	29.66	－0.21	6.50	－0.44	13.90	0.85	27.07
2012	3.62	1.43	39.40	－0.94	25.87	－0.35	9.79	－0.43	11.87	0.47	13.07
2013	4.51	1.27	28.15	－0.94	20.72	－0.43	9.48	－0.36	7.90	1.52	33.74
2014	4.51	1.41	31.36	－0.95	21.02	－0.42	9.30	－0.41	9.15	1.32	29.16
2015	4.98	1.42	28.47	－0.98	19.64	－0.46	9.20	－0.46	9.34	1.66	33.35

资料来源：根据《中国高技术产业统计年鉴》（2006～2016）整理得出。

R_{ai}表示山西省高技术产业内部的人力资源结构偏离程度，为将山西省高技术产业人力资源结构与全国范围内作比较，因此计算区域人力资源结构偏离度R_{bi}，其计算公式如下：

$$R_{bi}=\frac{G_i/G_2}{P_i/P_2}-1$$

其中，R_{bi}表示高技术产业中山西省某一高技术产业人力资源偏离度，G_i/G_2表示山西省某一高技术产业产值与全国该产业总产值的比值，P_i/P_2表示山西省某一高技术产业从业人员数占全国该产业从业人员数的比重。山西省高技术产业区域人力资源结构偏离度计算结果如表3－18所示。

表 3-18　2005~2015 年山西省高技术产业区域人力资源结构偏离度

年份	医药制造业	航空航天制造业	电子通信制造业	电子计算机及办公设备制造业	医疗及仪器仪表制造业	高技术产业
2005	0.233	0.124	0.124	0.324	0.421	0.332
2006	-0.049	0.025	-0.163	0.030	0.185	-0.086
2007	0.364	-0.123	0.296	0.326	0.196	0.215
2008	0.283	-0.103	0.462	0.255	0.193	0.038
2009	0.191	0.107	0.333	0.213	0.184	0.339
2010	0.476	0.044	0.337	0.281	0.220	0.289
2011	0.320	0.089	0.350	0.266	0.208	0.186
2012	0.370	0.058	0.324	0.245	0.175	0.353
2013	0.361	0.139	0.495	0.385	0.312	0.411
2014	0.457	0.180	0.437	0.330	0.418	0.423
2015	0.593	0.149	0.508	0.363	0.467	0.472

资料来源：根据《中国高技术产业统计年鉴》（2006~2016）整理得出。

根据表 3-18 的计算结果可知：2005~2016 年，山西省高技术产业整体处于人力资源短缺的供不应求状态，产业人力资源与产业发展长期处于不协调的状态；尤其是 2010~2015 年，供不应求的不协调状态愈发严重，呈逐年增加态势，其中医药制造业、电子及通信制造业和医疗及仪器仪表制造业的人力资源短缺现象表现得尤为明显。

二、人力资源增长与产业发展的协调度分析

由于产业人力资源与产业发展的协调性之间的继承性和动态性，二者之间的最优协调关系所对应的应该是一个协调度区间，而不是一个点值（2015）。在协调区间内，产业发展和所需人力资源基本保持平衡，二者呈互相促进协调发展的关系；若协调度指标值不在此区间内，则产业发展与所需人力资源之间存在不协调矛盾。本书采用动态协调度来反映产业发展与人力资源变化的数量关系，其计算公式如下：

$$P_{xy} = \frac{x + y}{\sqrt{x^2 + y^2}}$$

其中，x 与 y 分别表示产业人力资源增长速度与产业产值的增长速度，P_{xy} 为二者的动态协调度，具体关系如表 3-19 所示。

表 3-19 人力资源增速结构与产业产值增速协调性关系

P_{xy}	[-1.414, -1)	-1	(-1, 0)	0	(0, 1)	1	(1, 1.414]
x, y 关系	同比例减小	增长差异大	反向变化			增长差异大	同比例增长

根据表 3-20 的计算结果可知：近年来，就山西省高技术产业整体而言，人力资源增长与产业发展处于同比例增长范围，但是协调程度在不断下降。其中，医药制造业、电子通信设备制造业和医疗设备及仪器仪表制造业处于同比例增长范围，但是协调程度在不断下降，电子计算机办公设备制造业处于勉强协调范围，航空航天制造业处于同比例下降范围。

表 3-20 2006~2015 年山西省高技术产业人力资源增长与产业发展动态协调性

年份	医药制造业	航空航天制造业	电子及通信设备制造业	电子计算机办公设备制造业	医疗设备及仪器仪表制造业	高技术产业
2006	1.256	-1.411	0.952	0.977	0.379	1.295
2007	0.846	1.221	1.072	-1.350	1.315	1.187
2008	0.481	0.068	1.301	-1.196	-1.125	0.494
2009	1.367	0.932	1.000	-1.341	1.354	1.020
2010	1.371	1.414	1.370	0.218	1.297	1.214
2011	0.976	1.321	1.168	0.912	0.382	1.028
2012	1.308	1.389	1.142	0.928	1.372	1.300
2013	1.278	0.713	1.107	0.957	1.235	1.224
2014	1.193	-1.191	1.280	1.173	1.124	1.167
2015	1.201	-1.118	1.027	1.034	1.165	1.051

资料来源：根据《中国高技术产业统计年鉴》(2007~2016) 整理得出。

第五节　山西省高技术产业人力资源目前存在的问题

一、人力资源总量不足

无论是山西省高技术产业整体的人力资源数量，还是高新技术产业中各个行业（医药制造业、电子及通信制造业、仪器仪表制造业与航空航天制造业等）

的人力资源数量都处于相对不足的状态。通过对高新技术产业人力资源数量现状分析可知，山西省高技术产业人力资源的数量在全国处于中下游水平，在中部地区亦处于末位。通过人力资源结构偏离度分析可知，高新技术产业人力资源基本处于供不应求的不协调状态，并且呈愈发严重的趋势，其中医药制造业、电子及通信制造业和医疗及仪器仪表制造业的人力资源短缺现象表现得尤为明显。此外，虽然目前人力资源增长与产业发展处于基本协调范围，但是协调程度呈不断下降的趋势，从侧面反映出，虽然随着山西省产业结构的优化升级，高技能人才发挥的作用越来越重要，但全省高技术产业人力资源总量存在不足，行业存在技能人才断层的现象，并且山西省在高新技术产业领域中未来人力资源的不足状态可能继续加重，这种产业人力资源总量的现状不能完全适应山西省经济发展和科技进步的实际需要已成为不争的事实。因此，从以上结果显示，山西省高技能人才一直处于供不应求的状态，总体来说，整个山西省的高技能人才数量处于紧缺状态，未能满足山西省经济不断发展对于高技能人才的需求，并且从结果可以推算出高新技术产业人力资源的不足将会持续性存在并会进一步阻碍其产业甚至山西省其他产业的可持续稳定性发展。

二、行业分布不均衡

高新技术产业主要包括医药制造业、航空航天制造业、电子及通信设备制造业、电子计算机办公设备制造业、医疗设备及仪器仪表制造业。本书通过产业人力资源行业结构分析可以看出，山西省高技术产业的人力资源主要集中在电子及通信设备制造业和医药制造业，占人力资源总量的90%左右，而其余三个行业的占比仅为10%左右，行业分布严重失衡，有部分行业人才流动率逐年提高，说明不断有优秀的人力资源向省外流失。造成这一现象的主要原因是高技术产业本身的行业结构不均衡，这与各个行业在人力资源开发配置方面不同程度出现不科学、不规范的问题，使得人力资源的生产积极性以及创造性受到牵连，人才得不到充分使用有一定相关性。医药制造业和电子及通信设备制造业是山西省高技术产业中的主导产业，2015年，这两个行业的生产总值占到高技术产业生产总值的93%，其余产业的发展相对不足。虽然目前各个行业都存在不同程度的人力资源短缺，但是产业内部结构严重失衡，人力资源过度集中于某个或某几个行业，一旦该行业出现危机，行业不景气，将会对地区经济的发展造成很大的影响，出现行业从业人员的大面积失业。因此，在保证优势行业发展的同时，也要适当补足劣势行业，从而降低未知风险带来的影响。

三、存在老龄化的隐患

从高技术产业人力资源年龄结构分析中可以看出，虽然目前产业人力资源构成以 45 岁以下的人口为主，但是 56 岁及以上的从业人员也占据了较高的比例，这一部分人口将会在未来数年内达到退休年龄，其次 46 ~ 55 岁的从业人员也有相当高的比例。由于高技术产业不同于一般的传统行业，随着年龄的增加，虽然员工的体力精力可能会下降，但工作经验却在不断地增加，而丰富的工作经验对于高技术产业的发展来说可能更为重要，因此在保持高技术产业人力资源队伍年龄结构合理的情况之下，充分发挥已退休和快退休员工的余热，将会是一个值得关注的问题。从这一角度来看，山西省应继续加大对高新技术产业人才培养与人员吸引力度。例如，在人才培养方面，从长远角度出发应加大高等教育投入并不断提高教育质量。针对山西省产业结构优化升级的方向，着重加大对高新技术产业科研人员和研发经费投入。从短期角度出发应在潜在优势产业培养一批特色人才，以此增大高技术人力资源数量基数。

四、高素质人才的短缺

从职称、学历两方面分析来看，初级职称、专科以下学历人才占据了高技术产业人力资源整体的一半以上，高水平高素质人才在产业中的占比水平低于全国平均水平，其中医药制造业和电子及通信设备制造业的短缺表现尤为突出，中医药制造业和电子及通信设备制造业是高新技术产业领域中的重要组成部分，同时也是省际竞争的热点产业，更是展现省份实力的重点产业，在提升山西省产业整体竞争力方面发挥着不可替代的功能与作用。科学技术是第一生产力，而人才是科学知识的载体和科技创新的主体，打造复合型、专业性、高水平人才，才能推动高新技术产业健康发展和高新技术产业核心竞争力提升，适应高新技术产业内生能力需求。虽然目前各地区的高素质人才都不富裕，尤其是高技术产业人才普遍短缺，但产业的持续发展需要高素质人才做保障。山西省必须从战略高度认识高素质人才的重要性，从发展的角度谋划人才，全面实施人才工程，大力做好高素质人才的开发、培养和使用工作，并高度重视医药制造业和电子及通信设备制造业行业人才培养中的问题与对策研究，为高技术产业的继续健康发展提供人才智力保障，同时，围绕山西省高新技术产业经济发展目标，完善人才激励机制，留住人才、用活人才，高质量实现山西省产业转型、升级和发展，例如，制定人才长期培养规划，制定包含人员知识技能培养、薪酬待遇调整、职务晋升等激励制度，并保证制度措施执行公平、公正，在山西省内形成健康竞争环境，给予高新技术人才可期待、可努力、可实现的未来。

五、科技人力资源缺失

通过对高技术产业科技人力资源现状的分析可知，科技人力资源尤其是高素质科技人力资源的短缺是严重制约山西省高技术产业健康可持续发展的瓶颈，其中电子及通信设备制造业和航空航天制造业的短缺问题尤为严重。科技人力资源是指具有科技才能的人，有着一些特殊的科技技能以及科技特长，掌握着一定的知识以及生产工艺或是生产技术，可以对社会进步做出较大贡献的一部分人，在知识经济社会里，科技人力资源对于社会经济的发展起着非常重要的作用，充足的科技人力资源能有力推动整个社会的进步。从定义上讲，高技术产业本身是按照 R&D 活动投入强度来界定的，可见科研活动在产业中的重要地位，而科技人力资源作为产业科研活动的主要承担者，对于产业发展的重要性可想而知。科技人力资源的缺失受多种因素的影响，例如：人才政策、地理位置、住房条件、交通条件、家庭等一系列因素，它又主要依附于科研活动而存在，结合对科研活动现状的分析可知，科研投入不足、对研发活动的重视程度不够，可能对科技人力资源的缺失造成影响。如何建设一支高素质的科技人力资源队伍亦是高技术产业发展中需要解决的问题，解决科技人力资源短缺这一问题，增加科技人力资源总量基数，增强科技人力资源质量能够满足山西省经济社会发展所需要的科技支撑，推动山西省经济社会的发展向更高水平、更高层次迈进。

本章小结

本章通过对山西省高技术产业现状、高技术产业人力资源现状以及人力资源与产业协调度等方面的详尽分析，发现了高技术产业中目前存在人力资源总量不足、行业分布不均衡、人员老化、高素质人才短缺、科技人才短缺的问题。

在人力资源总量不足方面，医药制造业、电子及通信制造业和医疗及仪器仪表制造业的人力资源短缺现象表现得尤为明显，高新技术产业人力资源基本处于供不应求的不协调状态，并且呈愈发严重的趋势；在行业分布不均衡方面，医药制造业和电子及通信设备制造业两个行业是山西省高技术产业中的主导产业，为山西省高新技术产业的发展做出重要贡献；在人员老化方面，随着员工年龄的增加，虽然他们的体力精力可能下降，但由于工作经验的不断增加使得其对高技术产业的发展来说可能更为重要，因此在保持高技术产业人力资源队伍年龄结构合理的情况之下，充分发挥已退休和快退休员工的余热，将会是一个值得关注的问题；在高素质人才短缺方面，中医药制造业和电子及通信设备制造业的短缺表现得尤为突出，需要着重加强对该产业高技术人力资源的培养；在科技人才短缺方面，电子及通信设备制造业和航空航天制造业的短缺问题尤为严重，该产业中存在的高素质科技人力资源的短缺问题是严重制约山西省高技术产业健康可持续发展的瓶颈。

高技术企业为实现全面可持续发展，需要积极与省内科技计划对接，争取重大项目落地，把科技任务与科技人力资源发展紧密相结合，建立市场需求为导向、高技术企业为主体、科技人力资源为核心的自主创新体系，进行资源整合、争取关键共性技术突破，切实提高科技人力资源效益，培养和造就高技术产业科技人力资源。

第四章　山西省高技术产业人力资源需求影响因素实证分析

高技术产业是山西省实现经济转型的重要支点。通过第三章的分析，对山西省高技术产业及其人力资源现状有了一个系统、全面的认识，人力资源是产业发展的基石，而科学分析影响产业人力资源需求的因素，可以为人力资源需求预测模型的输入特征指标的初步选取提供一定的理论支撑。因此，本章从产业外部和产业内部的视角出发，采用回归分析和格兰杰因果关系分析的方法对影响山西省高技术产业人力资源需求的因素进行实证分析。

第一节　山西省高技术产业人力资源需求影响因素指标体系

一、指标选取的原则

对于企业而言，人力资源需求是指为了实现企业的发展规划，而需要雇佣的员工数量和质量。对人力资源的需求主要产生于企业生存发展的需要，并为企业的目标、战略服务。人力资源需求不仅包括人力资源总量需求和个量需求，同时也包括数量、质量和结构等方面的需求。所谓总量需求，是指一个国家在某一阶段或时限内对人力资源的需求总量，这个总量可按照数量、质量和结构来分析和划分。所谓个量需求，则是指某一具体组织在某一具体阶段内对人力资源的需求量，同样可以按照数量、质量和结构来分析和划分。

人力资源需求的影响因素主要来源于三大方面：

（1）组织规模的变化。一般来说，扩大组织规模和开展新业务会增加企业或地区对人力资源的需求，缩小组织规模或放弃某项业务则会减少对人力资源的需求。

（2）技术、设备条件的变化。组织技术水平的提高，设备的更新换代，会直接影响组织对人力资源的需求。技术水平越高、设备的自动化程度越强，对人力资源的需求就越少，二者呈反比关系。

（3）组织经营方向的变化。组织经营方向的变化，经常会对组织内外人力资源需求的数量和结构产生影响。

分析某一地域或企业的人力资源需求影响因素是通过客观、系统地选取一系列相关影响因素指标，构建一个系统科学的指标体系，用以反映影响高技术产业人力资源需求的因素。进行高技术产业人力资源需求影响因素指标选取应该遵循以下原则：

（1）科学性原则。人力资源需求影响因素指标的选取要能比较客观真实地反映出人力资源需求的本质和特征，需要以产业人力资源、高技术产业的相关理论为基础，既要从理论上考虑高技术产业人力资源需求的内在机理，又要结合特定区域的客观实际。通过对多个指标的比较、筛选，既要全面又要简洁，选取最典型的、关键的指标，以有效地反映高技术产业人力资源需求的影响因素。

（2）客观性原则。所选取的指标必须兼顾数据真实准确、符合客观实际两方面的要求，能够对所代表的要素进行真实反映。

（3）可操作性原则。在保证指标科学真实以外，还要确保指标数据来源的现实性和可获得性。指标数据要以权威的统计数据为基础，尽可能选取能代表区域高技术产业人力资源需求客观情况的评价指标。实际可操作性要求所选择的指标一方面数据要直观并且准确可靠容易操作，另一方面相关的统计方法与通用法定标识相互一致。

（4）系统性原则。该原则要求指标的选取应尽可能全面地反映高技术产业人力资源整体需求现状，而不是仅反映某一个方面。

（5）特殊性原则。该原则要求所设计选取的指标能够反映出山西省高技术产业人力资源需求及结构的地区特点，使得指标体系在反映一般性的同时也能够因地制宜，具有区域针对性。

二、影响因素指标的选取

鉴于影响人力资源需求的众多因素之间存在着复杂的关系，所以本章在考虑指标科学性、客观性、可操作性、系统性及特殊性等原则的基础上，结合我国经济新常态背景下高技术产业发展的新特点，从山西省高技术产业所处外部综合经济因素和产业内部因素两个方面选取对高技术产业人力资源需求产生影响的关键因素。本书采用三个外部因素和四个内部因素以及与之相对应的指标，构建山西省高技术产业人力资源需求影响因素分析指标体系，并通过计量经济学的相关方法来研究各因素与高技术产业人力资源需求的相关程度。如表4－1所示。

表4－1　影响因素指标体系

影响因素		指标	符号	已有文献中的使用情况
外部协同因素	地区经济发展	人均GDP	RES	宇文晶（2015），孙晓华（2015），杨青峰（2014），姜东明（2010）
	地区劳动力情况	从业人员数/常住人口数	HUM	杨青峰（2014），肖仁桥（2012），钞小静（2014），邵琳（2014）
	政府政策支持	科技活动经费筹集额中政府资金/科技活动经费筹集额	GOV	桂黄宝（2014），杨青峰（2013），宋来胜（2017），肖仁桥（2012）
内部协同因素	产业发展状况	高技术产业产值	LHTP	杨青峰（2014），桂黄宝（2014），王庆喜（2013）
	科研活动情况	R&D经费内部支出	RDE	张娜（2015），宇文晶（2015），桂黄宝（2014），杨青峰（2013），郭泉恩（2016）
	资产投资情况	新增固定资产/地区高技术产业总产值	AIS	杨青峰（2014），宋丽智（2011），朱晋伟（2015）
	企业规模情况	地区高技术产业总产值/高技术企业数量	ESI	桂黄宝（2014），王伟光（2015），宋来胜（2017），肖仁桥（2012）

三、影响因素指标的说明

1. 产业外部因素

（1）地区经济发展。地区经济发展水平的差异一方面体现在地方人均收入、财政支付能力上，另一方面体现在基础设施建设、科教水平、高层次人才上。单良（2016）指出地区人力资源与经济发展两系统需要协同发展。同样，地区高技术产业人力资源也需要与地区经济协同发展，高技术产业的可持续发展很大程度上依赖于高水平人才队伍的不断更新，而经济发展水平较高的地区，因其教育、医疗、环境等方面的因素对人力资源的自身培养和外部引进方面具有得天独厚的优势。作为产业外部环境中最基础的因素，本书将其作为影响产业人力资源需求的外部因素之一，采用人均GDP作为衡量指标。

（2）地区劳动力情况。高技术产业的发展很大程度上要依托当地劳动力，地区劳动力资源情况会对产业的发展产生不同程度的影响。梁泳梅（2011）以中西部地区为例，对地区经济发展、产业结构和劳动力情况的关系进行了研究，指出中西部地区慢速的经济发展和不合理的产业结构致使没有足够的工作空间留给高素质人力资源，从而间接地造成了人力资源的外流，三者之间失调的发展进一步阻碍了地区经济的发展。地方的劳动力资源是高技术产业人力资源的基础，充足的地方劳动力资源可以为产业劳动力资源提供新鲜血液；反之，地方劳动力资源的缺乏不仅不能为产业发展提供相对充足的劳动力，还会造成产业原有人力资源的缺失。因此，地方劳动力资源情况的变化会对高技术产业人力资源需求产生影响，本书采用山西省从业人员数与常住人口数的比值表示。

（3）政府政策支持。政府政策等其他政治因素对产业的发展以及产业人力资源都有着巨大的影响。沈雯婕（2016）以海宁市为例研究地方政府的产业扶持政策对皮革产业发展的影响，发现地方政府的政策支持对产业的发展尤为重要。政府政策与产业发展的协同就包括与产业人力资源规模的协同。政府对产业的支持力的大小会对投入到产业生产活动的人力资源数量造成影响。此外，政府在进行相关的人才政策制定过程中，会涉及人才引进条件、福利待遇等方面的内容，因为这些内容往往会对人才的积极性以及人才的就业等造成影响，同样会对产业人力资源需求造成很大的影响。本书采用科技活动经费筹集额中政府资金的占比反映政府的支持力度。

2. 产业内部因素

（1）产业发展状况。充足的人力资源是高技术产业发展的基本条件之一。陈雷（2015）以东北老工业基地为研究对象，研究指出东北地区的振兴和再次崛起需要相当数量、质量的人才队伍做支撑。对高技术产业而言，其发展同样需要足够的人力资源作保障，同时产业自身的发展情况亦会对人力资源去留产生影响。因为发展良好、处于上升期的产业需要足够的人力资源以进一步扩大产业规模，而且此时产业因其良好的发展前景等因素能够吸引相应的人力资源。反之，处于衰退期的产业因其产业规模在缩小，不再需要大量的人力资源，并且其自身对人才的吸引力也在下降。因此，产业发展状况会对产业的人力资源需求造成影响，本书采用高技术产业产值作为衡量指标。

（2）科研活动情况。由于高技术产业的高技术特征，科研活动在高技术产业发展中占据着非常重要的地位。白晓明（2013）以农业为例研究发现农业科研人力资源的合理配置有利于农业科技系统的持续健康发展。对于高技术企业而言，科研活动的投入占到企业开支的很大一部分，其中关于人力资源的投入特别是科技型人力资源的投入占到研发投入很大的一部分。对研发活动的投入力度的大小会影响到产业中从事科研活动以及与科研活动相关人力资源的数量，因此将产业的科研活动情况列为影响高技术产业人力资源需求的因素之一，本书采用R&D经费内部支出作为衡量指标。

（3）资产投资情况。投资是产业经济增长的重要因素，潘黎霞以东、西部地区为研究对象，发现固定资产投资与经济发展有着密切的关系，固定资产投资的数量、方向会对区域的经济总量、产业布局、产业结构产生重要影响。对高技术产业而言，从短期来看，资产投资作为产业总需求的一部分，对产业的发展有直接的推动作用。在推动产业发展的过程中，产业资产投资越多意味着产业发展越快，新增就业岗位就越多，需要与之匹配的人力资源数量将会越多，而资产投资越少将意味着产业对人力资源的需求将不再那么强烈。因此，将产业的资产投资情况作为影响产业人力资源需求的因素之一，本书采用新增固定资产与地区高技术产业总产值的比值衡量。

（4）企业规模情况。企业规模是对一个企业综合实力的考量。张绵纯（2011）认为企业规模会对企业的管理控制能力产生影响。企业规模的大小和企业人力资源的数量的多少不是简单的线性关系，大规模的企业与中小规模的企业对人力资源数量的要求存在差异。所以可以说，企业规模也是影响高技术产业人力资源需求的重要因素，本书用地区高技术产业总产值与高技术企业数量的比值进行衡量。

第二节　山西省高技术产业人力资源需求影响因素分析

一、数据来源

数据来源于山西省统计局发布的《山西省统计年鉴》（2000～2016）、国家统计局发布的《中国统计年鉴》（1999～2016）、《中国科技统计年鉴》（2000～2016）、《中国高技术产业统计年鉴》（2000～2016）、《山西省国民经济和社会发展统计公报》、山西省人力资源和社会保障厅政府公开数据、中国科技统计网、山西省人才工作网等相关数据资料。

本书将1995～2015年山西省以及山西省高技术产业的相关经济数据作为主要参考。采用的基础数据有：1995～2015年山西省高技术产业从业人员人数表示为Y、人均GDP表示为X_1、常住人口表示为X_2、从业人员数表示为X_3、高技术产业科技活动经费筹集额表示为X_4、高技术产业科技活动经费筹集额中政府资金表示为X_5、高技术产业产值表示为X_6、高技术产业R&D经费内部支出表示为X_7、高技术产业R&D经费外部支出表示为X_8、新增固定资产表示为X_9、高技术企业数表示为X_{10}；因为《中国高技术产业统计年鉴》（2013～2016）中没有对高技术产业产值进行统计，本书用高技术产业主营业务收入替代产业产值来衡量企业发展状况，《中国高技术产业统计年鉴》（2010～2016）中没有科技活动筹集额的相关数据，本书采用R&D经费内部支出中政府资金的占比来反映政府政策支持情况，以上数据均将1995年设为可比价。7个指标的公式为：$RES = X_1$、$HUM = X_3/X_2$、$GOV = X_5/X_4$、$LHTP = X_6$、$RDE = X_7 + X_8$、$AIS = X_9/X_7$、$ESI = X_6/X_{10}$。数据来源于山西省统计局发布的《山西省统计年鉴》（2000～2016）和国家统计局发布的《中国统计年鉴》（1999～2016）、《中国科技统计年鉴》（2000～2016）和《中国高技术产业统计年鉴》（2000～2016）。相关变量的统计性描述如表4－2所示。

表4－2　各变量描述性统计

变量	单位	样本容量	最小值	最大值	均值	标准差
地区经济发展水平（RES）	万元	21	0.351	3.498	1.643	1.186
地区劳动力情况（HUM）	%	21	0.426	0.513	0.464	0.0272
政府政策支持（GOV）	%	21	0.024	0.773	0.254	0.2098
产业发展现状（LHTP）	百亿元	21	0.166	8.647	2.119	2.798
科研活动情况（RDE）	亿元	21	0.074	6.204	1.489	2.149
资产投资情况（AIS）	%	21	0.058	0.427	0.155	0.093
高技术企业规模（ESI）	亿元/个	21	0.081	6.221	1.530	2.060
产业人力资源数量（Y）	万人	21	3.927	14.773	8.086	3.919

二、实证分析

1. 计量模型设计

根据上述分析可知，本书主要研究地区经济发展水平、地区劳动力情况、政府政策支持、产业发展现状、科研活动情况、资产投资情况、高技术企业规模7个变量对高技术产业人力资源需求的影响。其中，地区经济发展水平、地区劳动力情况和政府政策支持为产业外部影响因素，产业发展现状、科研活动情况、固定资产投资情况和企业规模为产业内部影响因素。为了研究不同方面因素对高技术产业人力资源需求的影响，本书建立如下模型，由于数据的自然对数变换不会对原来的数据关系造成影响，而且能消除时间序列的异方差，因此对四个变量取自然对数。

模型1：$\ln(Y) = \beta_0 + \beta_1\ln(RES) + \beta_2\ln(HUM) + \beta_3\ln(GOV) + \varepsilon$

模型1将产业内部因素设置为控制变量，分析产业外部影响因素对产业人力资源需求的影响，其中，RES表示地区经济发展水平，HUM表示地区劳动力情况，GOV 表示政府政策支持，β_0 为常数，$\beta_1 - \beta_3$ 表示与各变量相对应的影响力系数，ε 表示随机误差项。

模型 2：$\ln(Y) = \beta_0 + \beta_4\ln(LHTP) + \beta_5\ln(RDE) + \beta_6\ln(AIS) + \beta_7\ln(ESI) + \varepsilon$

模型 2 将产业外部因素设置为控制变量，分析产业内部影响因素对产业人力资源需求的影响，其中，LHTP 表示产业发展状况，RDE 表示科研活动情况，AIS 表示固定资产投资情况，ESI 表示企业规模，$\beta_4 - \beta_7$ 表示与各变量相对应的影响力系数，ε 表示随机误差项。

通过建立多元线性回归模型对各影响因素与高技术产业人力资源需求进行回归分析，可以考察其间的相关性以及影响程度，但并不能对各影响因素变化与高技术产业人力资源数量变化之间的因果关系做出明确的判断。因此，本书利用上述模型中相关变量的序列数据进行格兰杰因果关系检验来验证各个变量之间是否存在因果关系，并以此为主要依据对各影响因素与产业人力资源数量之间的因果关系进行判定。

为了避免由于时间序列的非平稳性以及其趋势项而造成的伪回归，本书将协整检验作为格兰杰因果关系检验的准备工作，以检验变量序列之间是否存在长期的均衡关系。因为各个变量序列存在相同的单整阶数是它们之间存在长期均衡关系的必要条件，所以需要对各个变量进行单位根检验以明确各变量的平稳性和单整阶数。综上，为了能够对变量间因果关系进行更为精准的判断，需要对各变量进行单位根检验和协整检验，本书选用 ADF 检验进行单位根检验，选用 Johansen 检验进行协整检验。因此，进行各个变量之间因果关系的基本分析步骤为：①单位根检验；②协整检验；③格兰杰因果关系检验。

2. 产业外部影响因素与人力资源需求的关系分析

（1）外部影响因素回归分析。

首先，根据 1995～2015 年山西省高技术产业的相关历史数据，运用最小二乘法对模型 1 的参数进行估计，第一次回归分析结果如下所示：

模型 1 回归方程（1995～2015）：

$$LY = 15.891 + 0.049\ln(RES) + 2.856\ln(HUM) + 0.162\ln(GOV)$$

$$(11.285) \qquad (0.671) \qquad (6.375) \qquad (0.184)$$

$R^2 = 0.9092$，$DW = 1.7865$，$F = 56.7649$

根据回归分析结果可知，模型的可决系数 R^2 为 0.9092，调整后的 R^2 为 0.8932，比较接近 1，模型的拟合优度较高；F 统计量值为 56.7649，通过了显著性检验，方程的总体线性是显著的；三个变量中 ln（HUM）在 5% 的显著性水平下显著，ln（GOV）在 10% 的显著性水平下显著，ln（RES）不显著。从回归方程可以看出，1995～2015 年，山西省从业人口与常住人口比值增加 1 个单位，山西省高技术产业从业人员增加 2.856 个单位；政府在研发资金中的比重增加 1 个单位，山西省高技术产业从业人员增加 0.16 个单位；人均 GDP 虽然对产业从业人员数量的影响不显著，但正如期望的那样，人均 GDP 的增加同样会带来产业人力资源数量的增加。由此可见，在外部影响因素中，地区的劳动力情况对高技术产业人力资源的影响最大，政府政策支持和地区经济发展水平对高技术产业人力资源数量的影响相对较小。

其次，近年来山西省高技术产业都已经出现了巨大的变化，而上文采用 1995~2015 年的数据进行回归分析，时间跨度比较大，不能对当前阶段各变量与高技术产业人力资源数量的关系进行一个很好的解释。因此，采用 2005~2015 年的数据资料再一次进行回归分析，以对目前各变量与山西省高技术产业人力资源数量有一个更加清晰的认识，同时将第二次回归分析结果与第一次回归分析结果进行比较。第二次回归分析结果如下所示：

模型 1 回归方程（2005~2015）：

$$LY = -1.370 + 1.208\ln(RES) + 1.089\ln(HUM) + 0.0429\ln(GOV)$$

$$\quad(-0.271) \qquad (3.443) \qquad (0.462) \qquad (0.821)$$

$R^2 = 0.9300$，$DW = 2.1879$，$F = 31.0053$

通过对比前后两次回归分析的结果可知，2005~2015 年，山西省高技术产业人力资源各外部因素的影响率由长期数据中的 0.049、2.856 和 0.162 变化为 1.208、1.089 和 0.0429。由此可知，近年来山西省地区经济发展水平对高技术产业人力资源数量的影响增加，地区劳动力情况和政府政策支持的影响率在减小，其中地区劳动力情况影响率的下降幅度较大。

（2）因果关系分析。

①单位根检验。对外部解释变量和被解释变量的时间序列数据进行序列的平稳性检验，具体包括对变量序列的平稳性以及单整阶数的检验，检验结果如表 4-3所示。

表 4-3 ADF 单位根检验结果

变量	ADF 检验值	检验类型	平稳性检验结果			结论
			1%	5%	10%	
ln（RES）	-1.59796	（C，T，1）	-2.69236	-1.96017	-1.60705	不平稳
Dln（RES）	-4.702788	（0，0，1）	-2.70809	-1.96281	-1.60613	平稳
ln（HUM）	-2.019325	（C，T，1）	-4.49831	-3.65845	-3.26897	不平稳
Dln（HUM）	-2.832487	（0，0，1）	-2.69236	-1.96017	-1.60705	平稳

续表

变量	ADF 检验值	检验类型	平稳性检验结果			结论
			1%	5%	10%	
ln（GOV）	-2.109882	（C，T，1）	-4.49831	-3.65845	-3.26897	不平稳
Dln（GOV）	-4.902269	（0，0，1）	-2.69236	-1.96017	-1.60705	平稳
ln（Y）	-1.871551	（C，T，1）	-4.49831	-3.65845	-3.26897	不平稳
Dln（Y）	-3.245256	（0，0，1）	-2.69236	-1.96017	-1.60705	平稳

根据 ADF 检验的结果，变量序列 ln（RES）、ln（HUM）、ln（GOV）和 ln（Y）是非平稳序列，其一阶差分变量均为 1% 显著性水平下的平稳序列。

②协整检验。由于四个序列均通过单位根检验，符合协整检验的前提条件，继续运用协整检验考察四个变量长期稳定的关系。做协整检验之前，先根据 AIC 准则和 SC 信息准则判断，选择最优滞后期，如表 4-4 所示。

表 4-4　最优滞后期判断结果

Lag	LogL	LR	FPE	AIC	SC	HQ
0	12.84377	NA	4.40e-06	-0.982641	-0.784781	-0.955359
1	82.23758	100.2355 *	1.24e-08	-6.915287	-5.925985	-6.778876
2	103.4488	21.21118	9.70e-09	-7.494307	-5.713563	-7.248766
3	143.2496	22.11155	2.12e-09 *	-10.13884 *	-7.566654 *	-9.784170 *

注：* 表示各原则的优符合选项，据此判断最优滞后期为 3。

据表中最优滞后期判断，我们得出最优滞后期为 3。选择最优滞后期之后，可对序列数据进行协整检验。对变量序列进行 Johansen 检验，检验结果如表 4-5 和表 4-6 所示。

表 4-5　Johansen 特征根迹检验结果

原假设	特征根	Trace 统计量	1% 临界值	5% 临界值	10% 临界值	P 值
None	0.746848	61.29811	54.6815	47.85613	44.49359	0.0017
At most 1	0.613825	35.19657	35.45817	29.79707	27.06695	0.0108
At most 2	0.525706	17.11875	19.93711	15.49471	13.42878	0.0282
At most 3	0.143635	2.946118	6.634397	3.841466	2.705545	0.0861

表 4 -6　Johansen 最大特征值检验结果

原假设	特征根	Max - Eigen 统计量	1% 临界值	5% 临界值	10% 临界值	P 值
None	0. 746848	36. 10154	32. 71527	27. 58434	25. 12408	0. 0064
At most 1	0. 613825	23. 07782	25. 86121	21. 13162	18. 89282	0. 027
At most 2	0. 525706	14. 17263	18. 52001	14. 2646	12. 29652	0. 0517
At most 3	0. 143635	2. 946118	6. 634897	3. 841466	2. 705545	0. 0861

检验结果表明，在 1% 的显著性水平下，ln（RES）、ln（HUM）、ln（GOV）和 ln（Y）四个变量存在着唯一的长期稳定的协整关系，可知变量间存在着长期稳定关系，可以进行格兰杰因果关系检验。

③格兰杰因果关系检验。对 ln（RES）、ln（HUM）、ln（GOV）和 ln（Y）之间的因果关系进行滞后期为 3 的格兰杰因果分析，具体结果如表 4 -7 所示。

表 4 -7　格兰杰因果关系检验结果

原假设	F - Statistic	Prob	结论
ln（RES）不是 ln（Y）的格兰杰原因	5. 17809	0. 0179	拒绝
ln（Y）不是 ln（RES）的格兰杰原因	2. 72198	0. 0952	拒绝
ln（HUM）不是 ln（Y）的格兰杰原因	3. 30802	0. 0611	拒绝
ln（Y）不是 ln（HUM）的格兰杰原因	2. 64071	0. 1016	接受
ln（GOV）不是 ln（Y）的格兰杰原因	4. 15374	0. 034	拒绝
ln（Y）不是 ln（GOV）的格兰杰原因	0. 2814	0. 8378	接受
ln（HUM）不是 ln（RES）的格兰杰原因	6. 19755	0. 0101	拒绝
ln（RES）不是 ln（HUM）的格兰杰原因	2. 45696	0. 1177	接受
ln（GOV）不是 ln（RES）的格兰杰原因	2. 93617	0. 0807	拒绝
ln（RES）不是 ln（GOV）的格兰杰原因	0. 8937	0. 4748	接受
ln（GOV）不是 ln（HUM）的格兰杰原因	1. 91733	0. 1853	接受
ln（HUM）不是 ln（GOV）的格兰杰原因	1. 66829	0. 2309	接受

根据检验结果可知，在 10% 的显著性水平下，当滞后期为 3 时，山西省高技术产业人力资源数量增长与地区经济发展互为格兰杰原因，同时地区劳动力情况和政府政策支持也是高技术产业人力资源数量增长发展的格兰杰原因。此外，地区劳动力情况和政府政策支持同样是地区经济发展的格兰杰原因。具体的格兰杰因果关系如图 4 -1 所示。

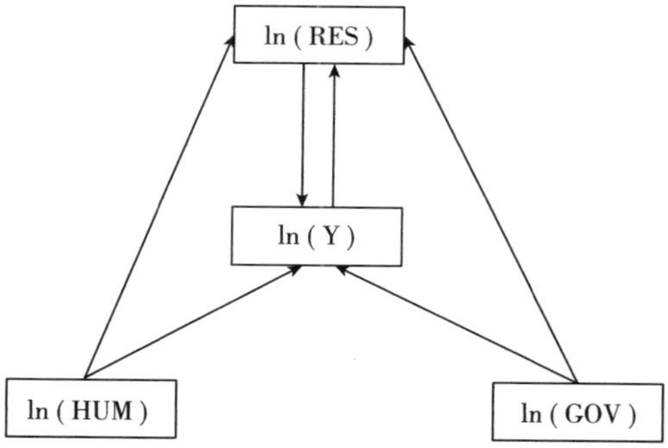

图4-1　格兰杰因果关系

通过对检验结果的进一步剖析可知，山西省经济的发展会促进高技术产业人力资源数量的增加，同时高技术产业人力资源的增加同样会促进山西省经济的发展。地区劳动力资源的丰富程度和政府政策对高技术产业的支持力度一方面直接促进高技术产业人力资源的增加，另一方面通过推动地区经济的发展而间接促进高技术产业人力资源数量的增加，此外，二者还通过促进高技术产业人力资源的增加间接推动山西省地方经济的发展。

3. 产业内部影响因素与人力资源需求的关系分析

（1）回归分析。

首先，根据1995~2015年山西省高技术产业的相关历史数据，运用最小二乘法对模型2的参数进行估计，第一次回归分析结果如下所示：

模型2回归方程（1995~2015）：

$$\ln(Y)=3.034+1.414\ln(LHTP)+0.099\ln(RDE)+0.195\ln(AIS)+1.179\ln(ESI)$$

1.671　　3.877　　0.971　　1.789　　3.387

$R^2=0.8638$，$DW=1.5864$，$F=25.3586$

根据回归分析结果可知，模型的可决系数 R^2 为0.8638，调整后的 R^2 为0.8297，比较接近1，模型的拟合优度较高；F统计量值为25.3586，通过了显著性检验，方程的总体线性是显著的；4个变量中ln（LHTP）和ln（ESI）在5%的显著性水平下显著，ln（AIS）在10%的显著性水平下显著，ln（RDE）不显著。从回归方程可以看出，1995~2015年，山西省高技术产业产值增加1个单位，山西省高技术产业从业人员增加1.45个单位；每个企业的产值增加1个单位，山西省高技术产业从业人员增加1.18个单位；新增固定资产与产业总产值的比值增加1个单位，山西省高技术产业从业人员增加0.11个单位；科研活动情况对产业从业人员数量的影响不显著，但正如期望的那样，科研投入的增加同样会带来产业人力资源数量的增加。由此可见，在产业内部影响因素中，产业发展状况对高技术产业人力资源的影响最大，其余因素的影响较小。

其次，采用2005～2015年的数据资料对模型2进行参数估计，并将结果与第一次回归分析结果做比较，结果如下：

模型2回归方程（2005～2015）：

$$\ln(Y)=9.299+0.475\ln(LHTP)+0.384\ln(RDE)+0.219\ln(AIS)+0.131\ln(ESI)$$

$$\begin{matrix} 1.462 & 4.573 & 1.142 & 2.317 & 4.381 \end{matrix}$$

$R^2=0.8549$，$DW=1.6742$，$F=27.2891$

通过对比前后两次回归分析的结果可知，2005～2015年，山西省高技术产业人力资源各内部因素的影响率由长期数据中的1.414、0.099、0.195、1.179，变为0.475、0.384、0.219和0.131。由此可知，近年来山西省高技术产业发展状况和企业规模对高技术产业人力资源数量的影响率在下降，并且下降幅度较大，科研活动因素的影响率在增大，产业投资对产业人力资源的影响率略有提升。

（2）内部因素因果关系分析。

①单位根检验。本书对相关变量的时间序列数据进行序列的平稳性检验，具体包括对变量序列的平稳性以及单整阶数的检验，检验结果如表4-8所示。

表4-8　ADF单位根检验结果

变量	ADF检验值	检验类型	平稳性检验结果			结论
			1%	5%	10%	
ln（LHTP）	-2.265211	（C，T，1）	-4.66788	-3.7332	-3.31035	不平稳
Dln（LHTP）	-6.604891	（C，T，1）	-4.66788	-3.7332	-3.31035	平稳
ln（RDE）	-2.154503	（C，T，1）	-4.49831	-3.65845	-3.26897	不平稳
Dln（RDE）	-5.17993	（0，0，1）	-2.69236	-1.96017	-1.60705	平稳
ln（AIS）	-2.158665	（C，T，1）	-4.49831	-3.65845	-3.26897	不平稳
Dln（AIS）	-5.064724	（0，0，1）	-2.69236	-1.96017	-1.60705	平稳
ln（ESI）	-2.371827	（C，T，1）	-4.5326	-3.67362	-3.27736	不平稳
Dln（ESI）	-3.752098	（0，0，1）	-4.61621	-3.71048	-3.2978	平稳
ln（Y）	-1.871551	（C，T，1）	-4.49831	-3.65845	-3.26897	不平稳
Dln（Y）	-3.245256	（0，0，1）	-2.69236	-1.96017	-1.60705	平稳

根据ADF检验的结果，变量序列ln（LHTP）、ln（RDE）、ln（AIS）、ln

(ESI) 和 ln (Y) 在显著性水平为5%的情况下均为非平稳序列，而在显著性水平为5%的情况下为一阶单整变量，即五个变量序列在一阶差分的情况下均为平稳序列。

②协整检验。由于五个序列均通过单位根检验，符合协整检验的前提条件，继续运用协整检验考察五个变量是否具有长期稳定的关系。首先根据 AIC 准则和 SC 信息准则判断，选择最优滞后期，如表 4-9 所示。

表 4-9　最优滞后期判断结果

Lag	LogL	LR	FPE	AIC	SC	HQ
0	-29.32607	NA	2.55e-05	3.613271	3.861807	3.655333
1	51.44482	110.5286*	8.05e-08	-2.257349	-0.766130	-2.004976
2	95.53080	37.12503	2.19e-08*	-4.266400*	-1.532497*	-3.803715*

注：*表示各原则的优符合选项，据此判断最优滞后期为2。

据表 4-9 的最优滞后期判断，我们得出最优滞后期为2。选择最优滞后期之后，可对序列数据进行协整检验。本书选用 Johansen 检验对变量序列进行协整检验，检验结果如表 4-10 和表 4-11 所示。

表 4-10　Johansen 特征根迹检验结果

原假设	特征根	Trace 统计量	1%临界值	5%临界值	10%临界值	P 值
None	0.975357	125.6048	77.81884	69.81889	65.8197	0
At most 1	0.751257	48.24266	54.6815	47.85613	44.49359	0.0587
At most 2	0.66355	28.80728	35.45817	29.79707	27.06695	0.0647
At most 3	0.341965	8.110461	19.93711	15.49471	13.42878	0.4537
At most 4	0.008335	0.159023	6.634897	3.841466	2.705545	0.6901

表 4-11　Johansen 最大特征值检验结果

原假设	特征根	Max-Eigen 统计量	1%临界值	5%临界值	10%临界值	P 值
None	0.975357	70.36213	39.37013	33.87687	31.23922	0
At most 1	0.751257	26.43538	32.71527	27.58434	25.12408	0.0696
At most 2	0.66355	20.69682	25.86121	21.13162	18.89282	0.0574
At most 3	0.341965	7.951438	18.52001	14.2646	12.29652	0.3836
At most 4	0.008335	0.159023	6.634897	3.841466	2.705545	0.6901

检验结果表明，在1%的显著性水平下，ln（LHTP）、ln（RDE）、ln（AIS）、ln（ESI）和ln（Y）五个变量之间同样存在着长期稳定关系，可以进行下一步格兰杰因果关系检验。

③格兰杰因果关系检验。对ln（LHTP）、ln（RDE）、ln（AIS）、ln（ESI）和ln（Y）之间的因果关系进行滞后期为2的格兰杰因果分析，具体结果如表4-12所示。

表4-12 格兰杰因果关系检验结果

原假设	F-Statistic	Prob	结论
ln（LHTP）不是ln（Y）的格兰杰原因	4.51013	0.0308	拒绝
ln（Y）不是ln（LHTP）的格兰杰原因	2.93617	0.0807	拒绝
ln（RDE）不是ln（Y）的格兰杰原因	9.64743	0.0023	拒绝
ln（Y）不是ln（RDE）的格兰杰原因	1.45521	0.2666	接受
ln（AIS）不是ln（Y）的格兰杰原因	5.17809	0.0179	拒绝
ln（Y）不是ln（AIS）的格兰杰原因	0.49503	0.6198	接受
ln（ESI）不是ln（Y）的格兰杰原因	3.93598	0.044	拒绝
ln（Y）不是ln（ESI）的格兰杰原因	0.33185	0.7231	接受
ln（RDE）不是ln（LHTP）的格兰杰原因	6.19755	0.0101	拒绝
ln（LHTP）不是ln（RDE）的格兰杰原因	2.65568	0.1052	接受
ln（AIS）不是ln（LHTP）的格兰杰原因	3.32307	0.0659	拒绝
ln（LHTP）不是ln（AIS）的格兰杰原因	0.27216	0.7657	接受
ln（ESI）不是ln（LHTP）的格兰杰原因	1.37839	0.2842	接受
ln（LHTP）不是ln（ESI）的格兰杰原因	0.63156	0.5463	接受
ln（AIS）不是ln（RDE）的格兰杰原因	1.06043	0.3725	接受
ln（RDE）不是ln（AIS）的格兰杰原因	0.00405	0.996	接受
ln（ESI）不是ln（RDE）的格兰杰原因	0.69231	0.5168	接受
ln（RDE）不是ln（ESI）的格兰杰原因	0.95331	0.4091	接受
ln（ESI）不是ln（AIS）的格兰杰原因	0.09469	0.9102	接受
ln（AIS）不是ln（ESI）的格兰杰原因	0.46281	0.6388	接受

根据检验结果可知，在10%的显著性水平下，当滞后期为2时，高技术产业的发展与其人力资源数量的增长互为格兰杰因果，企业规模、产业科研投入力度和资产投资力度是产业人力资源数量增长的格兰杰原因。此外，产业科研投入力度和资产投资力度同样是高技术产业发展的格兰杰原因。具体的格兰杰因果关系如图4-2所示。

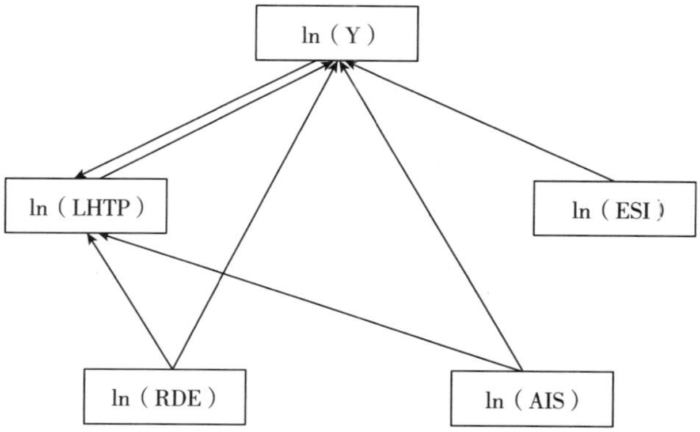

图4-2 格兰杰因果关系

通过对检验结果的进一步剖析可知，产业自身的发展与产业人力资源队伍的壮大是相辅相成的，高技术产业的发展造就了更多的就业机会，吸引了更多的人力资源加入到高技术产业的生产活动中，同时随着更多的人力资源的进入，为高技术产业的进一步发展带来了新的动力。科研活动的投入力度和资产投资力度一方面直接促进高技术产业人力资源数量的增长，另一方面通过推动高技术产业的发展间接促进产业人力资源的增长。企业规模直接对产业人力资源数量产生影响。此外，科研活动的投入力度和资产投资力度不仅直接推动产业的发展，还通过促进产业人力资源的增加而间接推动产业的发展。

三、实证分析结果

通过回归分析和因果关系分析，分别从产业内部和产业外部对影响山西省高技术产业人力资源需求的七个因素进行分析。通过分析结果可知外部影响因素中，地区劳动力水平和地区经济水平对产业人力资源需求的影响程度大，而政府政策的支持影响相对较小；劳动力情况和政府支持除直接对产业人力资源需求产生影响外，还通过影响地区经济水平，从而间接对产业人力资源需求产生影响。在产业内部因素中，科研活动投入和产业投资对产业人力资源需求的影响有所增加，产业发展和企业规模的影响有所下降；科研活动投入和产业投资除可以直接对产业人力资源需求产生影响之外，还可通过影响产业发展情况的方式间接影响产业人力资源需求，而企业规模对产业人力资源产生直接影响。简言之，各因素在不同程度上对山西省高技术产业人力资源需求产生影响，均可作为预测模型的初始输入变量。

本章小结

本章通过文献阅读整理出当前研究中关于人力资源影响因素指标体系构建的相关内容，依据科学性、客观性、可操作性、系统性及特殊性等原则从产业内部和外部构建山西省高技术产业人力资源需求的影响因素指标体系，所选取的影响因素分别为地区经济发展、地区劳动力情况、政府政策支持、产业发展状况、科研活动情况、资产投资情况及企业规模情况，并依据影响因素选取相应的指标。

随后本书主要运用1995~2015年山西省发展以及山西省高技术产业的相关经济数据作为参考。运用回归分析和格兰杰因果关系检验的方法，分别从产业内部和外部对影响高技术产业人力资源需求的因素进行实证分析，可知各因素均可作为预测模型的初步变量。

首先，本章对产业外部影响因素与人力资源需求的关系进行分析，依据1995~2015年数据所构建的回归方程可以看出，1995~2015年，山西省人均GDP虽然对产业从业人员数量的影响不显著，但人均GDP的增加同样带来了产业人力资源数量的增加。由此可见，在外部影响因素中，地区的劳动力情况对高技术产业人力资源的影响最大，政府政策支持和地区经济发展水平对高技术产业人力资源数量的影响相对较小；此外，鉴于高技术产业近年来发展变化大、发展速度加快的态势，依据2005~2015年数据重新构建近年来山西省高技术产业构回归方程，由前后两次回归方程对比可知，近年来山西省地区经济发展水平对高技术产业人力资源数量的影响增加，地区劳动力情况和政府政策支持的影响率在减小，其中地区劳动力情况影响率的下降较大。

通过格兰杰因果关系检验可知，山西省经济的发展对于高技术产业人力资源数量的增加具有促进作用，反之亦然；地区劳动力资源的丰富程度和政府政策对高技术产业的支持力度对于高技术产业人力资源的增加具有直接及间接的促进作用，此外，二者还通过促进高技术产业人力资源的增加间接推动山西省地方经济的发展。

其次，对产业内部影响因素与人力资源需求的关系进行分析，依据1995~2015年数据所构建的回归方程可以看出，1995~2015年，山西省高技术产业产值、企业产值以及新增固定资产与产业总产值的比值都会对山西省高技术产业从业人员增加起到促进作用；科研投入的增加同样会带来产业人力资源数量的增加。由此可见，在产业内部影响因素中，与其他因素相比，产业发展状况对高技术产业人力资源的影响较大。此外，依据 2005 ~ 2015 年数据重新构建近年来山西省高技术产业构建回归方程可知，近年来山西省高技术产业发展状况和企业规模对高技术产业人力资源数量的影响率下降幅度较大，科研活动因素的影响率在增大，产业投资对产业人力资源的影响率略有所提升。

通过格兰杰因果关系检验可知，产业自身的发展与产业人力资源队伍的扩张互为依托，高技术产业的发展创造了更多的就业机会，吸引了更多的人力资源加入到高技术产业的生产活动中，同时随着更多的人力资源的进入，为高技术产业的进一步发展带来了新的动力。科研活动的投入力度和资产投资力度、企业规模等因素都在一定程度上推动着高技术产业的发展。

第五章　山西省高技术产业人力资源需求预测模型构建及分析

第四章从山西省高技术产业内部和外部视角对影响高技术产业人力资源需求的因素进行了分析。本章在此基础之上，将各因素作为需求预测的输入变量，运用 GRA 和 Bagging 对 GBP 模型进行优化，构建山西省高技术产业人力资源需求预测模型，对模型有效性进行检验，并将运用其对山西省高技术产业未来数年各行业的人力资源情况进行预测。

第一节　预测模型的选择

人力资源预测是指在企业的评估和预言的基础上，对未来一定时期内人力资源状况的假设。人力资源预测可分为人力资源需求预测和人力资源供给预测。人力资源需求预测是指根据区域或企业的发展规划及相关的内外条件，选择适当的预测技术，对人力资源需求的数量、质量和结构进行预测，是地区或企业为实现既定目标而对未来所需员工数量和种类的估算，主要影响因素分为外部和内部两种，外部因素为劳动力市场的变化、政府相关政策变化、行业发展状况变化；内部因素为企业目标的变化、员工素质的变化、组织形式的变化以及企业最高领导层的理念。人力资源供给预测是确定企业是否能够保证员工具有必要能力以及员工来自何处的过程，是人力资源规划中的核心内容，是预测在某一未来时期，组织内部所能供应的或经由培训可能获得补充的及外部劳动力市场所提供的一定数量、质量和结构的人员，以满足企业为达成目标而产生的人员需求。本书主要是对山西省高技术产业人力资源需求进行预测。

目前，人力资源需求预测的方法主要分为定性分析方法和定量分析方法，其中定性研究有德尔菲法和经验判断法，定量方法主要有多元线性回归法、神经网络法、灰色预测法和马尔可夫链预测法等，具体如表5－1和表5－2所示。

表5－1 人力资源需求预测定性分析方法优缺点比较

预测方法	优点	缺点
德尔菲法	1. 考察因素较为全面 2. 有效避免由于专家的过度集中造成的不利影响	1. 预测结果可能产生较大差异 2. 由于所处领域的不同，部分人可能会有所保留 3. 论证的逻辑不够严密
经验判断法	短期预测时具有一定的适用范围	1. 主观性过强，缺乏严谨的理论论证 2. 预测参与者需要丰富的相关经验

表5－2 人力资源需求预测定量分析方法优缺点比较

预测方法	优点	缺点
趋势分析法	1. 步骤简单，操作方便 2. 短期预测时具有一定的适用范围	1. 无法考虑多影响因素 2. 对时间序列数据要求较高
回归预测法	1. 计算量相对较小 2. 适用于受历史因素影响较大的经济问题的预测	对变量之间的关系有较高要求
神经网络预测法	1. 具有良好的非线性自适应学习能力 2. 预测的精度较高	1. 模型复杂，计算量大 2. 单个模型表现不稳定
马尔可夫链模型	在稳定环境下的预测有较好的表现	针对性过强，实际指导性较低
灰色预测	1. 对数据数量的要求较低 2. 计算量项规定较少	数据的灰度越大，预测精度越低

通过对各种预测方法的比较，发现定性分析方法受主观因素的影响较大，而且对参与者素质的要求较高。定量预测方法以相关数据为基础，运用相应的数学方法进行分析，可以降低主观因素对预测结果的影响。表5－2中的定量预测方法主要是对单一模型的介绍，然而在实际应用中集成模型的使用频率更高，目前在地区或产业人力资源需求预测中，集成模型之一的灰色神经网络具有较高的精度。

灰色BP神经网络（GBP）是灰色理论与神经网络相融合的产物。灰色理论可以对含有不确定性因素的系统进行预测，其核心内容是灰色动态模型。灰色理论因其处理不确定性问题的能力已经在人力资源预测中得到了广泛的应用。BP神经网络因其良好的动态模拟运算能力、自学习和自组织能力使其适应性、容错性较强并具有强大的联想、推测功能，因此其能够很好地处理人力资源需求预测复杂非线性映射问题。灰色BP神经网络综合了两种方法的优点，与单一的灰色预测模型或 BP 神经网络相比，预测的有效性更有保障，但同时也带来了神经网络自身不稳定的缺点，因此，本书引入 GRA 和 Bagging 算法对灰色 BP 神经网络进行进一步优化。

第二节　预测模型设计

一、GBP－Bagging 预测模型结构设计

根据灰色系统与神经网络的融合方法，可将已有的集成模型分为串联型、并联型和嵌入型三种结构。其中，在宏观经济指标的预测中串联型和并联型模型的应用比较多，例如杨丽（2012）在对山西省科技型人才的预测中运用了串联型灰色神经网络。目前，在产业人力资源预测方面仍以 GM(1，1）等方法为主，预测精度较低，因此本书选用灰色神经网络作为模型的核心，并对其进行了相应的改进，具体包括以下几个方面：

（1）运用 GRA 方法进行特征变量预筛选。以往的灰色神经网络预测模型在进行预测特征变量体系构建时，更多的是参考相关文献进行筛选，具有很大的主观成分，并且筛选出的特征变量一般比较多。当特征变量越多时，所构建的模型就会越复杂，当训练样本过少时，模型容易出现过拟合，将会降低模型的泛化能力。为了避免因特征变量的冗余而造成的模型过拟合，本书采用灰色关联分析对特征变量进行预筛选，从而达到简化模型提高泛化能力的作用。

（2）运用 Bagging 算法进行集成学习。灰色神经网络在结合两者优点的同时也带来了神经网络不稳定的缺点，故针对神经网络不稳定的特点，本书采用 Bagging 算法将单个神经网络作为基学习器，以提高模型的稳健性。Bagging 算法是利用不同的训练集以期获得差异度大的基学习器构建集成学习器，其核心是可重复取样。Bagging 算法提高不稳定学习算法的预测精度。

因此，本书对已有的灰色神经网络模型进行改进，构建出 GBP－Bagging 网络预测模型。模型主要包括特征变量筛选部分、灰色处理部分和集成神经网络预测部分，模型结构框架具体如图 5－1 所示。

二、预测模型基本算法步骤

依据上文可知，本书建立的预测模型主要包括特征变量筛选部分、灰色处理部分和集成神经网络预测部分，以下内容是各部分的具体算法步骤。

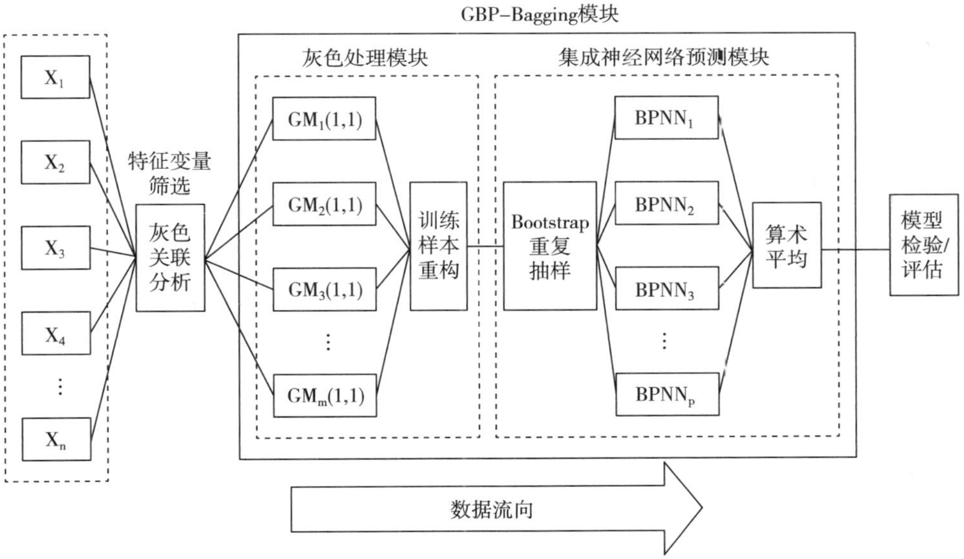

图5-1　GBP-Bagging 网络预测模型结构框架

1. 特征变量选择部分

特征选择是特征工程的一个重要方面，但是以往构建人力资源预测模型时常常忽略了其重要作用。本书选用灰色关联分析对输入变量进行初步选择。灰色关联分析是对一个系统发展变化态势的定量描述方法，其基本思想是通过参考数据列和比较数据列的几何形状相似程度来判断其联系是否紧密，进而反映系统各变量间的关联程度。若曲线越接近则表示两个序列的关联程度越大；反之，则表示曲线的关联程度较小。通过灰色关联分析可以较为客观地对特征变量进行初步筛选。下面是预测模型的特征变量选择的基本算法步骤，流程如图5-2所示。

（1）分析数列的确定。设产业人力资源数$X_0=\{X_0(k)\mid k=1,\cdots,q\}$为参考数列；比较数列为预测模型的特征变量$X_i=\{X_i(k)\mid k=1,\cdots,q\}$，$i=1,\cdots,n$。

（2）经均值化的无量纲化处理得到序列X_{it}。

$$X_{it}=\frac{X_i(k)}{\overline{X_i}}=\{X_{it}(k)\mid k=1,\cdots,q\},\ i=0,\cdots,n \tag{5-1}$$

其中：

$$\overline{X_i}=\frac{1}{q}\sum_{k=1}^{q}X_i(k),i=1,\cdots,n \tag{5-2}$$

（3）计算$X_0(k)$与$X_i(k)$关联系数$\xi_{0i}(k)$。

$$\xi_{0i}(k)=\frac{\min\limits_{i}\min\limits_{k}\Delta_i(k)+\rho\max\limits_{i}\max\limits_{k}\Delta_i(k)}{\Delta_i(k)+\rho\max\limits_{i}\max\limits_{k}\Delta_i(k)} \tag{5-3}$$

其中：

$$\Delta_i(k)=|X_{0t}(k)-X_{it}(k)| \tag{5-4}$$

ρ 为分辨系数，一般取 0.5。

（4）计算关联度γ_{0i}。

$$\gamma_{0i}=\frac{1}{q}\sum_{k=1}^{q}\xi_{0i}(k) \tag{5-5}$$

（5）选取关联度大于 0.75 的特征变量作为预测模型的输入特征变量。

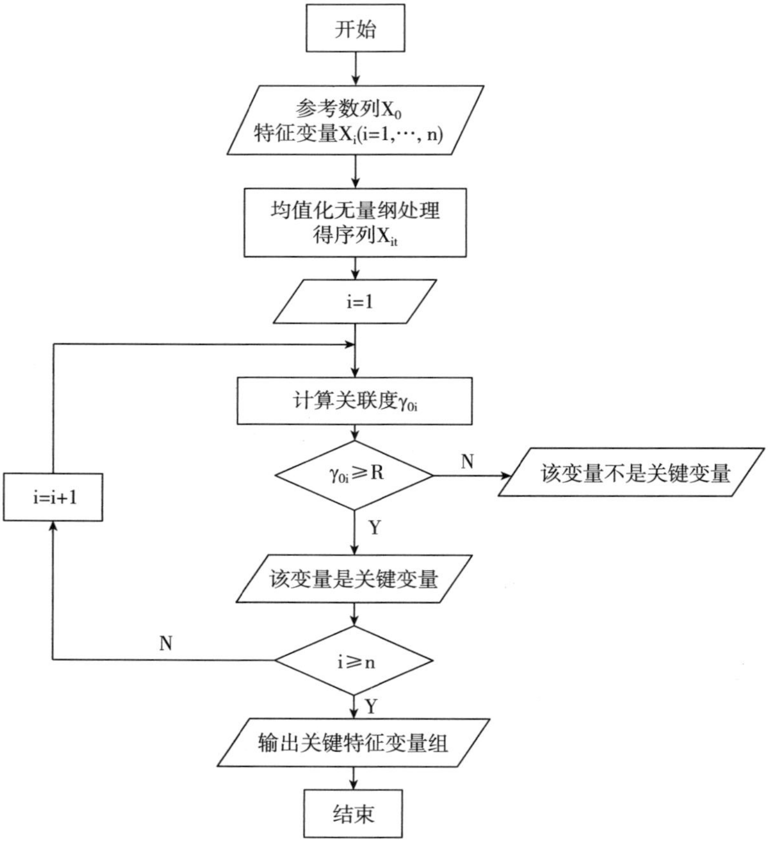

图 5-2　预测模型的特征变量选择的基本算法流程

2. 灰色处理部分

灰色模型通过对原始序列累加生成更具规律性的新序列，削弱了随机因素对结果的影响。本书的灰色处理模块主要采用 GM（1，1）模型对特征变量数据进行灰色处理，具体算法如下，流程如图 5-3 所示。

①将第 i 个特征变量序列 X_i 作为原序列 $X_i^{(0)}$。对原序列 $X_i^{(0)}$ 进行一阶累加，生成新的数列 $X_i^{(1)}$，i=1，…，n。

②计算背景值数列 $Z_i^{(1)}$。

$$Z_i^{(1)}(k)=\frac{1}{2}(X_i^{(1)}(k)+X_i^{(1)}(k-1)),\ k=2,\ \cdots,\ q \tag{5-6}$$

③建立灰色预测模型。

$$X_i^{(0)}(k)+a\times Z_i^{(1)}(k)=u \tag{5-7}$$

④运用最小二乘法，计算 GM（1，1）的模型参数 a，u。

$$\begin{bmatrix} a \\ u \end{bmatrix}=[B^TB]^{-1}B^TY \tag{5-8}$$

其中，

$$B=\begin{bmatrix} -Z_i^{(1)}(1) & 1 \\ -Z_i^{(1)}(2) & 1 \\ \vdots & \vdots \\ -Z_i^{(1)}(k) & 1 \end{bmatrix},\ k=1,\ 2,\ \cdots,\ q \tag{5-9}$$

$$Y=\begin{bmatrix} X_i^{(0)}(2) \\ X_i^{(0)}(3) \\ \vdots \\ X_i^{(0)}(k) \end{bmatrix},\ k=1,\ 2,\ \cdots,\ q \tag{5-10}$$

⑤将发展系数 -a 与灰用量 u 代入 G(1，1) 模型的白化响应式中，求得 $X_i^{(1)}$ 的拟合值 $\hat{X}_i^{(1)}$。

$$\hat{X}_i^{(1)}(k+1)=\left(X_i^{(1)}(1)-\frac{u}{a}\right)\times e^{-au}+\frac{u}{a},\ k=1,\ 2,\ 3,\ \cdots,\ q \tag{5-11}$$

⑥计算 $X_i^{(0)}$ 的灰拟合值 $\hat{X}_i^{(0)}$。

$$\hat{X}_i^{(0)}(k+1)=\hat{X}_i^{(1)}(k+1)-\hat{X}_i^{(1)}(k),\ k=1,\ 2,\ 3,\ \cdots,\ q \tag{5-12}$$

⑦用特征变量的灰拟合值 $\hat{X}_i^{(0)}$ 重构数据集 D。

$$D=\begin{bmatrix} \hat{X}_1^{(0)}(1) & \hat{X}_1^{(0)}(2) & \cdots & \hat{X}_1^{(0)}(k) & \cdots & \hat{X}_1^{(0)}(q) \\ \hat{X}_2^{(0)}(1) & \hat{X}_2^{(0)}(2) & \cdots & \hat{X}_2^{(0)}(k) & \cdots & \hat{X}_2^{(0)}(q) \\ \vdots & \vdots & & \vdots & & \vdots \\ \hat{X}_i^{(0)}(1) & \hat{X}_i^{(0)}(2) & \cdots & \hat{X}_i^{(0)}(k) & \cdots & \hat{X}_i^{(0)}(q) \\ \hat{X}_n^{(0)}(1) & \hat{X}_n^{(0)}(2) & \cdots & \hat{X}_n^{(0)}(k) & \cdots & \hat{X}_n^{(0)}(q) \end{bmatrix} \tag{5-13}$$

其中，数据集 D 的每一列数据为一组样本E_k（k = 1，2，3，⋯，q）。

D = [E_1，E_2，⋯，E_k，⋯，E_q]。

⑧将数据集 D 划分为基础训练集D_1、检验集D_2和预测集D_3。首先将需要预测的 t 期样本从 D 中抽取组成预测集D_3，其次从剩余样本中随机抽取 f 个样本组成检验集D_2，最后将剩余样本组成训练集D_1。

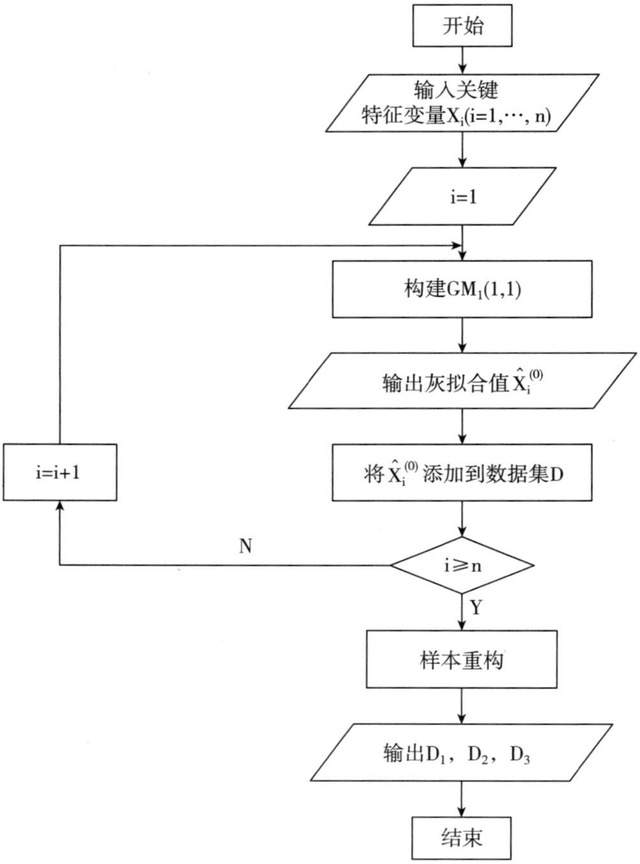

图 5－3　灰处理流程

3. 神经网络集成部分

本书将神经网络模型和集成学习方法相结合，构建高技术产业人力资源预测模型的神经网络集成部分。集成神经网络部分包括对多个神经网络进行集成处理的算法和单个神经网络的训练算法，具体流程如图 5－4 所示。

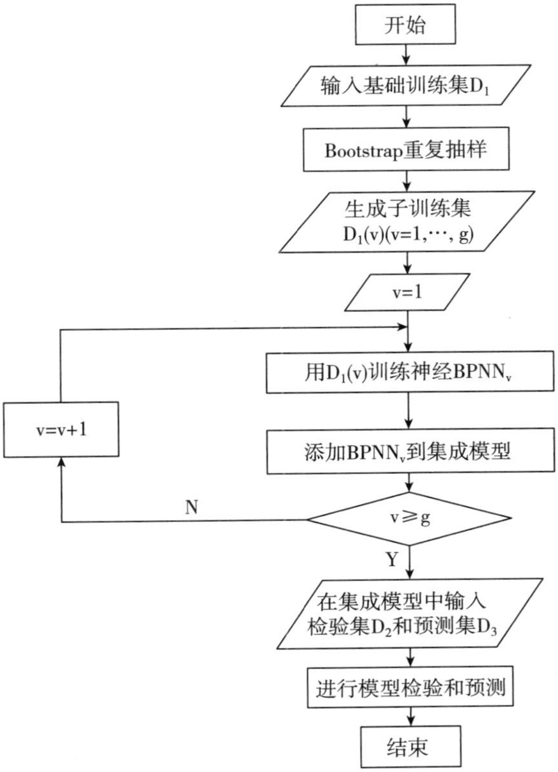

图5-4　神经网络集成处理流程

（1）集成学习算法。本书采用的集成学习算法为Bagging算法，具体步骤如下：

①对基础训练集D_1进行Bootstrap重复抽样，形成g个新的子训练集，每个子训练集包含h个样本，表示为D_1（v）（v=1，2，3，…，g）。

②用采样集D_1（v）训练神经网络$BPNN_v$，训练的基本步骤见下文。

③待神经网络全部训练完毕，g个神经网络共同组成集成模型。

④利用检验集D_2作为输入样本，对模型进行检验。

（2）神经网络训练算法。本书采用的基学习器为多输入单输出的BP神经网络模型。w_{ij}表示输入层与隐含层的连接权值，θ_j表示隐含层神经元的阈值，v_{jt}表示隐含层与输出层的连接权值，γ_t表示输出神经元的阈值。模型的算法的基本步骤如下：

①对各层之间的连接权值w_{ij}、v_{jt}以及各层神经元的阈值进行初始化赋值，赋予［-1，+1］区间的随机值。

②从子训练集D_1（v）中随机选取一组学习样本对提供给神经网络L_v。

③接受输入层的输入，并且将其传递给隐含层。

④计算隐含层神经元的净输入s_j^k和输出b_j^k。

$$s_j^k = \sum_{i=1}^{6} w_{ij} x_i^k - \theta_j, \ j = 1, 2, \cdots, 11 \tag{5-14}$$

$$b_j^k = f(s_j^k), \ j = 1, 2, \cdots, 11 \tag{5-15}$$

⑤计算输出层神经元的净输入和输出。

$$l_1^k = \sum_{j=1}^{11} v_{jt} b_j^k - \gamma_1 \tag{5-16}$$

$$c_1^k = f(l_1^k) \tag{5-17}$$

⑥根据给定的教师信号X_0，计算输出层神经元的校正误差d_1^k。

$$d_1^k = (X_0^k - c_1^k) f'(l_1^k) \tag{5-18}$$

⑦计算隐含层神经元的校正误差e_j^k。

$$e_j^k = v_{j1} d_1^k f'(s_j^k), \ j = 1, 2, \cdots, 11 \tag{5-19}$$

⑧修正输出层神经元的阈值γ_1和隐含层与输出层之间的连接权值v_{jt}，其中学习速率$\alpha \in (0, 1)$。

$$\Delta \gamma_1 = \alpha d_1^k \tag{5-20}$$

$$\Delta v_{jt} = \alpha d_1^k b_j^k, \ j = 1, 2, \cdots, 11 \tag{5-21}$$

⑨修正隐含层神经元的阈值θ_j和输入层与隐含层之间的连接权值w_{ij}，其中学习速率$\beta \in (0, 1)$。

$$\Delta \theta_j = \beta e_j^k, \ j = 1, 2, \cdots, 11 \tag{5-22}$$

$$\Delta w_{ij} = \beta e_j^k x_i^k, \ i = 1, 2, \cdots, 6, \ j = 1, 2, \cdots, 11 \tag{5-23}$$

⑩返回第三步，用下一个随机选取的学习模型对网络进行训练，直至全部训练结束。

⑪对全局的学习误差 E 进行判断，若 $E \leqslant \varepsilon$，满足精度要求，结束算法，否则重新设定学习的次数，从第二步开始计算。

以上为 BP 神经网络的传统算法，该算法在实际应用中存在收敛速度慢、易陷入局部最小的问题，鉴于本书构建的网络规模较小，并且有足够的存储空间，故采用 Levenberg - Marquardt BP 算法对网络进行训练，以期达到更好的效果。Levenberg - Marquardt BP 算法在 MATLAB2016A 中对应的训练函数为 trainlm。

第三节　预测模型验证

一、预测准备

1. 数据来源

通过上一章对山西省高技术产业人力资源影响因素的分析可知：地区经济水平（RES）、地区劳动力情况（HUM）、政府政策支持（GOV）、产业发展状况（LHTP）、科研活动情况（RDE）、资产投资情况（AIS）和高技术企业规模（ESI）等因素在不同程度上均会对高技术产业人力资源数量（Y）造成影响，因此将其对应的指标作为原始特征变量，根据相关研究将上一年高技术产业人力资源数量（LYN）同样作为原始特征变量。

因本书要对高技术产业中各行业的人力资源数量分别进行预测，需要根据各产业的实际情况分别建立各产业人力资源预测模型，因此各模型输入特征变量和目标变量是与各产业对应的指标，具体情况如表5－3所示。

表5－3　各预测模型变量

行业	医药制造业	航空航天制造业	电子通信设备制造业	电子计算机及办公设备制造业	医疗设备及仪器仪表制造业
模型	M1	M2	M3	M4	M5
输入特征变量	RES_1	RES_2	RES_3	RES_4	RES_5
	HUM_1	HUM_2	HUM_3	HUM_4	HUM_5
	GOV_1	GOV_2	GOV_3	GOV_4	GOV_5
	$LHTP_1$	$LHTP_2$	$LHTP_3$	$LHTP_4$	$LHTP_5$
	RDE_1	RDE_2	RDE_3	RDE_4	RDE_5
	AIS_1	AIS_2	AIS_3	AIS_4	AIS_5
	ESI_1	ESI_2	ESI_3	ESI_4	ESI_5
	LYN_1	LYN_2	LYN_3	LYN_4	LYN_5
目标变量	Y_1	Y_2	Y_3	Y_4	Y_5

鉴于此，本书研究根据国家统计局发布的《高技术产业分类目录》中所规定的具体行业，从《中国高技术产业统计年鉴》《中国统计年鉴》《中国劳动统

计年鉴》和《山西省统计年鉴》查阅高技术产业的相关数据。具体数据见附录一。

2. 关键特征变量的选择

运用灰色关联分析对各预测模型的关键特征变量进行筛选。各模型初始特征变量与其目标变量的灰色关联度计算结果如表 5－4 所示，选取关联度大于 0.75 的变量作为关键变量，根据表中计算结果进行筛选可知：模型 M1 的关键特征变量有 4 个，依次为LYN_1、HUM_1、$LHTP_1$和AIS_1；模型 M2 的关键特征变量有 4 个，依次为$LHTP_2$、ESI_2、LYN_2和GOV_2；模型 M3 的关键特征变量有 5 个，依次为HUM_3、AIS_3、$LHTP_3$、ESI_3和RDE_3；模型 M4 的关键特征变量有 4 个，依次为$LHTP_4$、AIS_4、GOV_4和LYN_4；模型 M5 的关键特征变量有 3 个，依次为LYN_5、RDE_5和GOV_5。

表 5－4　产业从业人员总量与其相关因素的灰色关联度

模型 M1		模型 M2		模型 M3		模型 M4		模型 M5	
变量	关联度	变量	关联度	变量	关联度	变量	关联度	变量	关联度
RES_1	0.7100	RES_2	0.7192	RES_3	0.8036	RES_4	0.6873	RES_5	0.6023
HUM_1	0.8393	HUM_2	0.6578	HUM_3	0.8853	HUM_4	0.6444	HUM_5	0.7147
GOV_1	0.6639	GOV_2	0.7731	GOV_3	0.7052	GOV_4	0.7777	GOV_5	0.8346
$LHTP_1$	0.7787	$LHTP_2$	0.8678	$LHTP_3$	0.8285	$LHTP_4$	0.8773	$LHTP_5$	0.6081
RDE_1	0.6583	RDE_2	0.6238	RDE_3	0.8082	RDE_4	0.6935	RDE_5	0.8411
AIS_1	0.7701	AIS_2	0.6649	AIS_3	0.8510	AIS_4	0.8211	AIS_5	0.6040
ESI_1	0.6663	ESI_2	0.8602	ESI_3	0.8159	ESI_4	0.6818	ESI_5	0.6061
LYN_1	0.8621	LYN_2	0.8459	LYN_3	0.6850	LYN_4	0.7518	LYN_5	0.8675

3. 数据集处理

（1）关键特征变量灰处理。本书运用 GM（1，1）模型对各集成预测模型的关键特征变量数据进行灰处理，求得 1995～2022 年各模型对应关键特征变量的灰处理值构成与其对应模型的基础数据集。各 GM（1，1）模型的发展系数、灰色作用量和时间响应方程式结果如表 5－5 所示。

（2）样本集重构。由于模型各关键特征变量单位不同，会使训练过程中部分神经元过早饱和，进而影响预测结果，所以首先需要对输入变量和目标变量进行归一化处理，从而让它们达到同一数量级，本书使用 MATLAB2016A 中的 mapminmax 函数将原始数据转化至［－1，1］。

表 5 - 5　各 GM（1，1）模型的主要参数

模型	变量	发展系数	灰作用量	时间响应方程式
M1	LYN_1	-0.0112	23577.4605	$\hat{X}_i^{(1)}(k+1)=2128781e^{0.112k}-2103348$
	HUM_1	-0.1140	4509.7902	$\hat{X}_i^{(1)}(k+1)=43066.412e^{0.114k}-39551.4$
	$LHTP_1$	-0.1793	3.3643	$\hat{X}_i^{(1)}(k+1)=31.45455e^{0.179k}-18.76455$
	AIS_1	-0.1014	0.0474	$\hat{X}_i^{(1)}(k+1)=0.472776e^{0.101k}-0.4667768$
M2	$LHTP_2$	0.0647	3.2348	$\hat{X}_i^{(1)}(k+1)=-47.4460e^{-0.065k}+49.98601$
	ESI_2	0.0631	1.3085	$\hat{X}_i^{(1)}(k+1)=-19.8818e^{-0.063k}+20.72882$
	LYN_2	0.0252	6449.3043	$\hat{X}_i^{(1)}(k+1)=-248124e^{-0.025k}+255582.6$
	GOV_2	0.0821	0.9839	$\hat{X}_i^{(1)}(k+1)=-11.3470e^{-0.082k}+11.98301$
M3	HUM_3	-0.0086	0.4212	$\hat{X}_i^{(1)}(k+1)=49.23564e^{0.009k}-48.772641$
	AIS_3	-0.0138	5.7925	$\hat{X}_i^{(1)}(k+1)=418.3052e^{0.014k}-418.2852$
	$LHTP_3$	-0.2173	12.7177	$\hat{X}_i^{(1)}(k+1)=61.07186e^{0.217k}-58.53183$
	ESI_3	-0.2149	0.3869	$\hat{X}_i^{(1)}(k+1)=1.867638e^{0.217k}-1.800638$
	RDE_3	-0.2177	-320.7000	$\hat{X}_i^{(1)}(k+1)=-483.3010e^{0.218k}+1473.30$
	RES_3	-0.1140	4509.7902	$\hat{X}_i^{(1)}(k+1)=43066.42e^{0.114k}-39551.42$
M4	$LHTP_4$	-0.0512	1.5847	$\hat{X}_i^{(1)}(k+1)=31.61961e^{0.051k}-30.92961$
	AIS_4	-0.0251	0.3322	$\hat{X}_i^{(1)}(k+1)=13.40206e^{0.025k}-13.22806$
	GOV_4	0.1096	0.4253	$\hat{X}_i^{(1)}(k+1)=-3.35738e^{0.110k}+3.882387$
	LYN_4	0.0623	8679.4185	$\hat{X}_i^{(1)}(k+1)=-131575.2e^{-0.062k}+139420$
M5	LYN_5	0.0356	7750.0636	$\hat{X}_i^{(1)}(k+1)=-208231.7e^{-0.036k}+217654$
	RDE_5	-0.1365	1308.9168	$\hat{X}_i^{(1)}(k+1)=9802.255e^{0.136k}-9592.255$
	GOV_5	0.0536	0.3980	$\hat{X}_i^{(1)}(k+1)=-6.99860e^{-0.054k}+7.42260$

各集成模型的基础数据集 D 都包含 1995 ~ 2022 年 28 个样本，对各样本按 1 ~ 28 依次编号。本书将 22 ~ 28 的 7 个样本作为预测集 D_3，运用 MATLAB2016A 中的 randperm 函数从 1 ~ 21 中随机选取 4 个样本作为检验集 D_2，剩余 17 个样本作为基础训练集 D_3，具体如表 5 - 6 所示。

表 5 - 6　各模型样本构建结果

模型	训练集	检验集	预测集
M1	[1，2，4，5，6，7，9，10，11，12，13，15，16，17，18，20，21]	[19，3，7，14]	[22 - 28]
M2	[1，2，4，5，6，8，9，10，12，13，14，15，16，18，19，20，21]	[17，7，11，3]	[22 - 28]
M3	[1，2，3，4，5，7，8，9，10，11，12，14，15，16，17，18，20]	[13，6，21，19]	[22 - 28]
M4	[1，3，4，6，7，8，9，11，12，13，14，15，17，18，19，20，21]	[16，10，2，5]	[22 - 28]
M5	[1，2，3，5，6，7，8，9，11，12，13，14，15，17，18，19，21]	[20，4，16，10]	[22 - 28]

二、集成神经网络主要参数的确定

1. 基学习器参数的确定

（1）样本扩增倍数。Pattengale 等讨论了 Bootstrap 方法在样本重复方面有效性的问题，得到扩增范围为 100 ~ 500 倍较佳。因此本书用 MATLAB2016A 软件进行模型训练时，将原始训练数据扩增 500 倍，使得本书可以在采集少量关键指标数据的基础上完成。

（2）神经网络层数。Kolmogorov 定理证明仅需单隐层的 BP 神经网络就可以实现任何一个连续函数的映射关系；增加 BP 隐含层节点数与增加中间层数相比更易提高精度。因此，本书采用单隐层 BP 神经网络作为集成学习模型的基学习器，即子神经网络的层数为 3 层。

（3）输入层和输出层节点数。根据灰色关联分析对各模型特征变量选择的结果可知，M1 模型的子神经输入层节点数为 4，M2 的为 4，M3 的为 6，M4 的为 4，M5 的为 3；各模型中产业人力资源量均为输出值，即输出层的节点数是 1。

（4）学习速率和激励函数。目前的神经元激励函数主要有阈值型、分段线性型和 Sigmoid 型三种，其中 Sigmoid 型函数也被称为 S 型激励函数，如式（5－24）所示：

$$f(u_i)=\frac{1}{1+\exp\left(\frac{-u_i}{c}\right)^2} \tag{5-24}$$

使用 Sigmoid 型函数使得信息数据在网络传递过程中不易发散，收缩输出口径，很大程度上提高 BP 神经网络的容错性能，并且 Sigmoid 型函数求导容易，可以很好地借助梯度法进行参数估算，因此本书选择 Sigmoid 型函数作为激励函数。

（5）神经网络隐含层节点。神经网络隐含层节点的多少会影响到整个网络预测精确度的高低，因此，对隐层节点数进行科学合理的选择成为网络模型构建中的关键问题。目前，在理论界还未有统一的规律去确定隐含层神经节点数目，研究者在实践中通常采用试凑法，通过多次重复预训练以确定网络隐层节点数。因此本书以试凑法为基础，借鉴相关经验公式，对隐层节点的范围进行估算，然后在估算结果的基础之上用相同的训练数据集对不同隐层节点的网络进行训练，将训练误差最小的网络模型的隐层节点数作为子神经网络的节点数。相关的经验公式有：

$$l=\sqrt{m+n}+a \tag{5-25}$$

$$l=\log_2 m \tag{5-26}$$

$$l=\sqrt{mn} \tag{5-27}$$

其中，m 表示网络输入层的节点数量，l 表示隐含层的节点数量，n 表示输出层的节点数量，a 为 1 ~ 10 的整数。

上文中对各模型的输入层和输出层的节点进行了确定，利用上述公式初步计算出各模型隐含层的节点数范围，结果如表 5 – 7 所示。不同隐含层节点模型的训练结果如图 5 – 5 所示。

表 5 – 7　各模型隐含层节点范围

模型	M1	M2	M3	M4	M5
隐含层节点范围	[3，13]	[3，13]	[3，13]	[3，13]	[2，12]

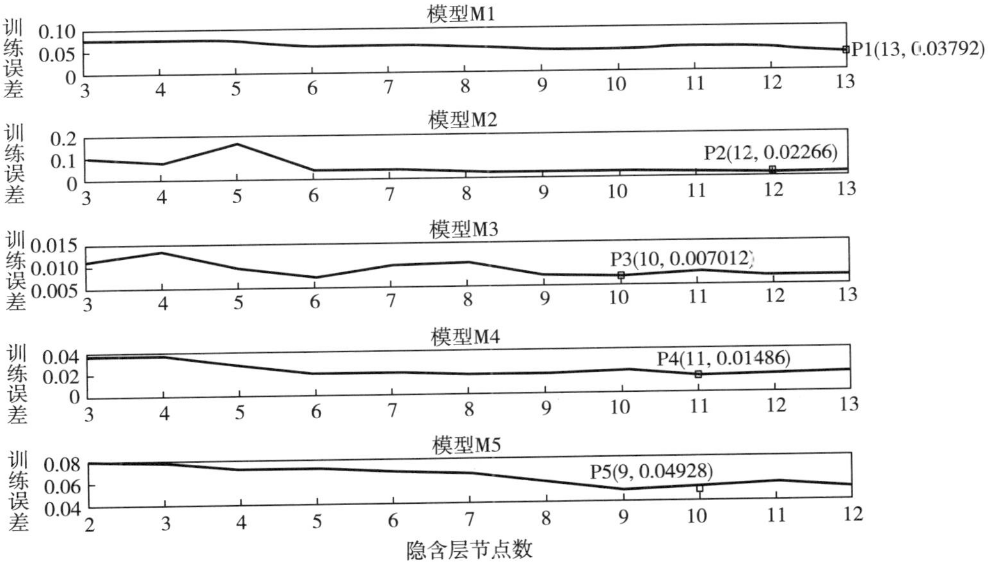

图 5 – 5　各模型不同隐含层节点训练误差

由图 5 – 5 可以看出，各神经网络隐含层节点数不相同导致所对应的网络训练误差也不一样，本书选取训练误差最小时网络的节点数作为各模型子神经网络隐含层节点数，并确定基学习器最终的网络结构，具体如表 5 – 8 所示。

表 5 – 8　各模型子神经网络结构

模型	隐含层节点数	网络结构
M1	13	4 – 13 – 1
M2	12	4 – 12 – 1
M3	10	6 – 10 – 1
M4	11	4 – 11 – 1
M5	10	3 – 10 – 1

2. 基学习器个数的确定

关于使用 Bagging 时基学习器数量的确定问题，Breiman（1996）指出基学习器的数目应当随着基学习器结构的复杂程度的增加而增加。蒋芸等（2013）通过实验得出，解决一般问题集成 10 ~ 50 个基学习器即可取得良好的预测效果。因此，本书依次对不同规模的集成模型进行训练，比较不同规模下的集成模型的训练误差，结果如图 5 – 6 所示。

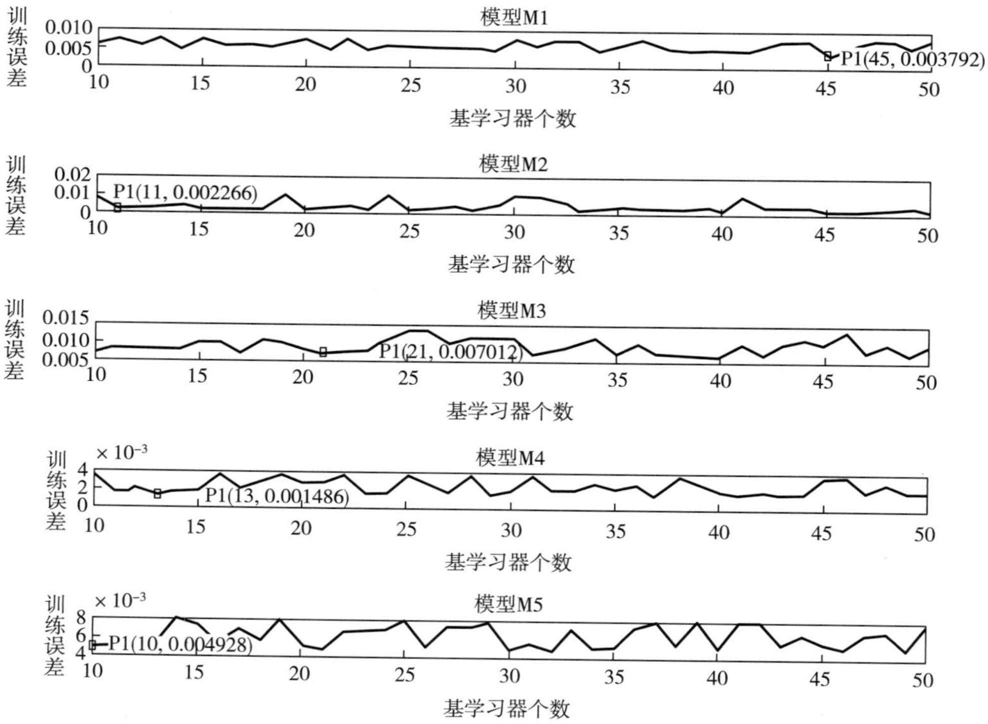

图 5 – 6　各模型不同规模下训练误差

由图 5 – 6 可知，不同规模的集成模型所对应的训练误差也不一样，且无规律可循。本书选取训练误差最小时集成模型包含的基学习器个数作为各模型的子神经网络的个数，因此各模型的规模大小为：M1 为 12，M2 为 16，M3 为 20，M4 为 26，M5 为 13。

三、网络训练进行验证

1. MATLAB2016A 编程实现模型训练

利用上文中确定好的集成模型结构参数，通过 MATLAB2016A 软件对山西省高技术产业人力资源预测模型进行训练和测试。部分训练代码如下所示：

```
B = {};% B 表示各子神经网络的集合
for f = 1 : 12%
c1 = randi (17, 1, 17 * 500);% 将各模型子训练集扩增 500 倍
E1 = [];% E1 表示生成的子训练集
n = 1;
for i = c1
E1 (:, n) = D1 (:, i); n = n + 1;
end
clear i n
% 训练子神经网络
net = newff (minmax (E1 (2: 5,:)), [12, 1], {'tansig','purelin'},
'trainlm');
net. trainParam. goal = 0. 001;% 训练目标差为 0. 001
net. trainParam. epochs = 5000;% 训练步数为 5000 步
net. trainParam. lr = 0. 01; 训练学习速率为 0. 01
net = train (net, E1 (2: 5,:), E1 (1,:));
B {f} = net;% 将训练好的网络存储到神经网络集
end
Z1 = []; Z2 = []; Z3 = [];
for f = 1: 12
Y1 = sim (B {f}, D1 (2: 5,:));% 对训练集进行拟合
Y_ 1 = mapminmax ('reverse', Y1, PS1);% 将归一化数据还原
Z1 (f,:) = Y_ 1;
Y2 = sim (B {f}, D2 (2: 5,:)); % 对检验集进行拟合
Y_ 2 = mapminmax ('reverse', Y2, PS1);% 将归一化数据还原
Z2 (f,:) = Y_ 2;
end
V1 = mean (Z1); V2 = mean (Z2);% V1 表示对训练集数据的最终拟合结果,%
V2 表示对检验集数据的最终拟合结果
```

以上 MATLAB2016A 代码为 M1 模型的部分，M2、M3、M4 与 M5 的代码与此类似（见附录二），因此不在此展示。运用 MATLAB2016A 软件运行代码，各模型训练集和检验集的仿真结果如图 5 - 7 ~ 图 5 - 11所示。

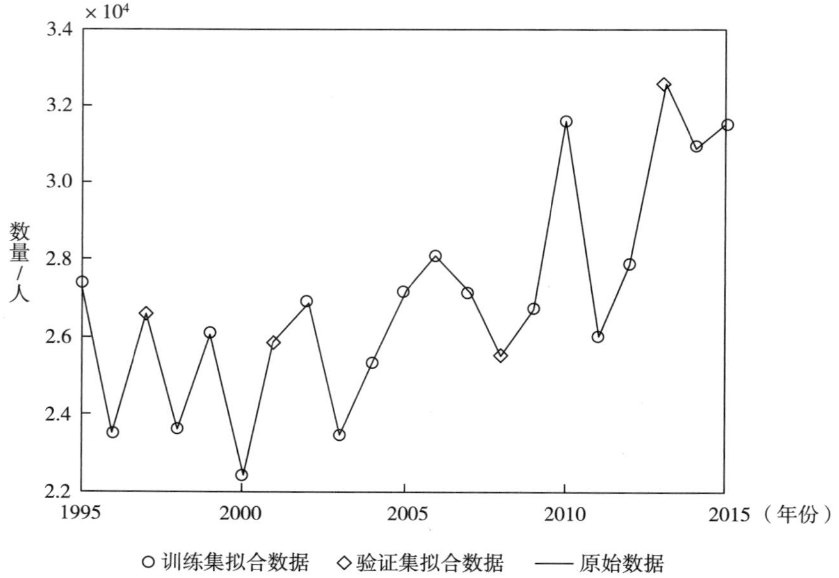

图 5-7　模型 M1 的仿真结果

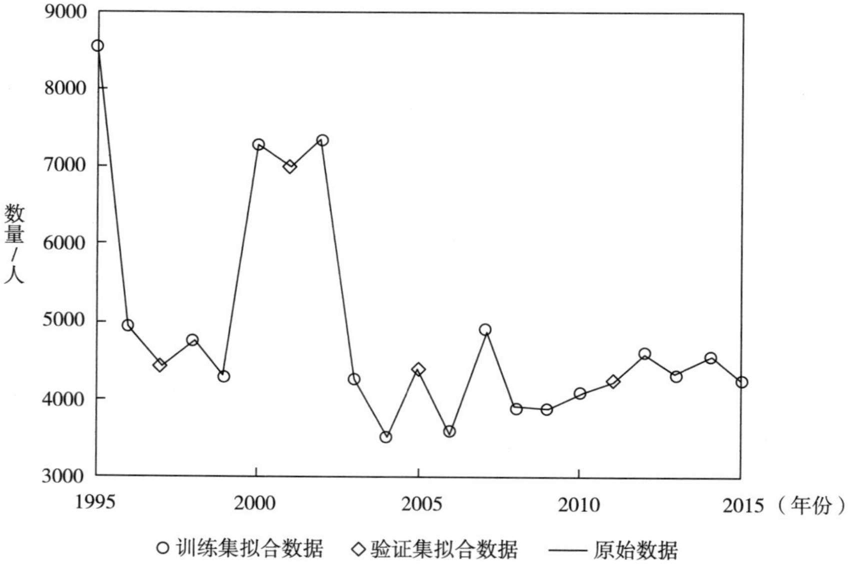

图 5-8　模型 M2 的仿真结果

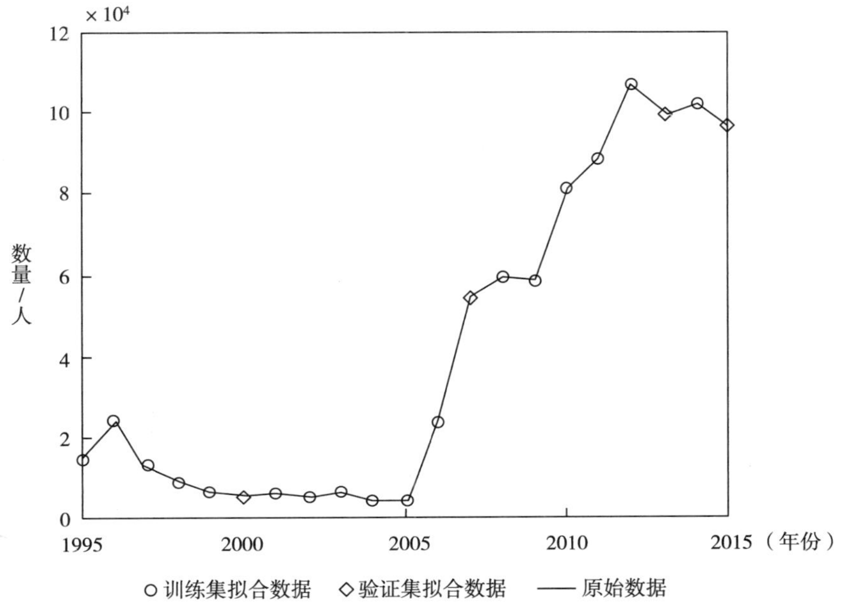

图 5-9 模型 M3 的仿真结果

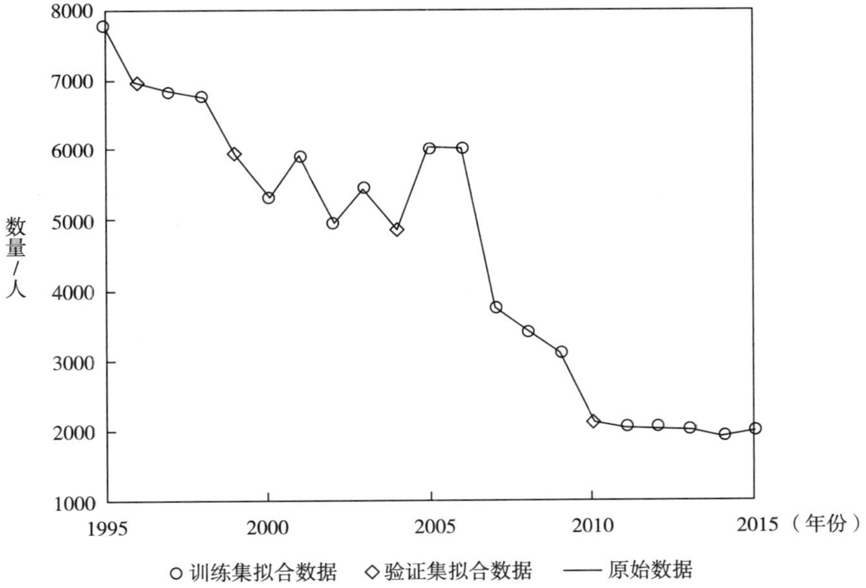

图 5-10 模型 M4 的仿真结果

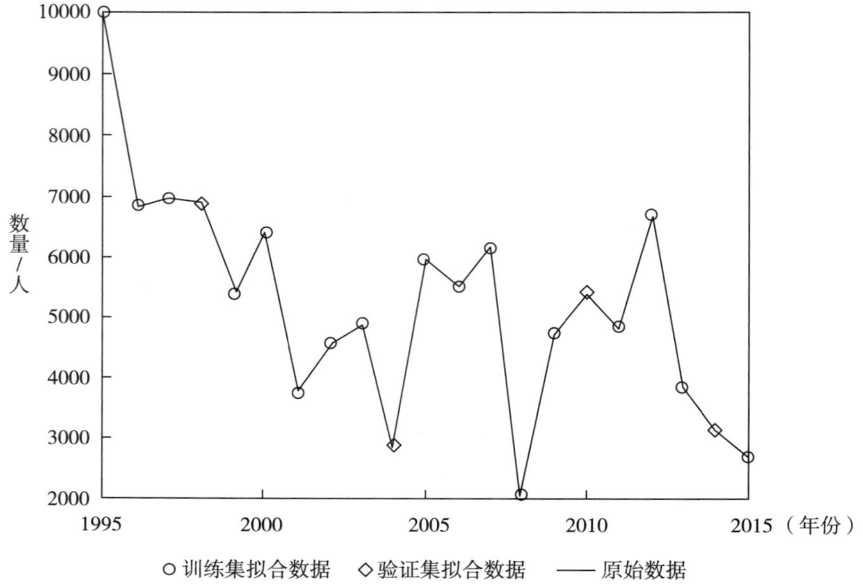

图 5－11　模型 M5 的仿真结果

根据图 5－7～图 5－11 各模型的仿真效果图可知，各模型对训练集数据和验证集数据均具有良好的拟合效果。为了对各模型进行进一步的检验，本书在下一部分对各模型进行预测精度和泛化能力的检验，以及与单一灰色 BP 神经网络进行对比分析。

2. 模型的验证

为了对训练好的各模型预测进行验证，本书从样本均方标准误差（RMSE）、平均相对误差（AARE）、平均绝对误差（MAD）、预测值和真实值两者的拟合度（R）四个方面对常用的单一灰色 BP 神经网络和本书建立的模型进行对比验证分析，以下为各指标的计算公式：

$$RMSE = \sqrt{\frac{1}{n}\sum_{i=1}^{n}(x_i - \hat{x}_i)^2} \tag{5-28}$$

$$AARE = \frac{1}{n}\sum_{i=1}^{n}\left|\frac{x_i - \hat{x}_i}{x_i}\right| \tag{5-29}$$

$$MAD = \frac{1}{n}\sum_{i=1}^{n}|x_i - \hat{x}_i| \tag{5-30}$$

$$R = \frac{\sum_{i=1}^{n}(\hat{x}_i \times x_i)}{\sqrt{\sum_{i=1}^{n}\hat{x}_i^2} \times \sqrt{\sum_{i=1}^{n}x_i^2}} \tag{5-31}$$

其中，RMSE 越小，表示预测的可靠性越大；复相关系数 $R \in [0,\ 1]$，其数值越大，表示模型拟合效果越好；一般将 AARE 的误差允许范围在 0.05 以内的称为高精度预测。

（1）单一灰色 BP 神经网络模型。按照上文确定的各模型的子神经网络的结构确定与之对应的灰色 BP 神经网络（M1 对应 N1，M2 对应 N2，M3 对应 N3，M4 对应 N4，M5 对应 N5），选取其中训练误差最小的模型，用训练集数据和验证集数据进行仿真拟合，并求得各项指标，具体结果如表 5－9 所示。

表 5－9　灰色 BP 神经网络的仿真表现

模型		RMSE	AARE	R	MAD
训练集	N1	58.5759	0.0021	0.9954	56.4118
	N2	82.8166	0.0174	0.9892	79.6471
	N3	91.7214	0.0082	0.9915	84.1176
	N4	43.3301	0.0104	0.9901	42.5000
	N5	91.2044	0.0178	0.9896	85.7647
验证集	N1	69.9964	0.0025	0.9919	68.5000
	N2	79.9343	0.0163	0.9899	79.0000
	N3	90.8006	0.0045	0.9921	85.2500
	N4	67.6566	0.0191	0.9886	64.6471
	N5	96.2756	0.0209	0.9879	86.5000

根据表 5－9 的数据可知，N1 模型的各项指标在训练集上的表现略优于验证集上的表现；N2 模型的各项指标均为验证集优于训练集；N3 模型除 MAD 以外，各项指标在验证集的表现优于训练集；N4 和 N5 模型的各项指标均为训练集表现优于验证集。各模型的各考量指标在训练集和验证集的表现略有不同，但均相差不大，可知各模型不仅具有较高的预测精度，而且泛化能力较好，可以用于预测。

（2）GBP－Bagging 网络模型。运用训练集数据和验证集数据对上文构建的 M1、M2、M3、M4 和 M5 模型进行仿真拟合，并求得各项指标，具体结果如表 5－10所示。

表 5-10 GBP-Bagging 网络的仿真表现

模型		RMSE	R	AARE	MAD
训练集	M1	30.3809	0.9978	0.0010	26.7647
	M2	40.5247	0.9903	0.0083	39.7500
	M3	30.8555	0.9952	0.0027	26.7647
	M4	33.7456	0.9923	0.0075	29.4700
	M5	19.8935	0.9926	0.0046	17.7500
验证集	M1	35.4260	0.9931	0.0012	33.50
	M2	57.6893	0.9912	0.0118	53.3529
	M3	43.4914	0.9924	0.0024	41.0000
	M4	14.7139	0.9911	0.0036	11.5000
	M5	35.6734	0.9931	0.0071	32.1176

根据表 5-10 的数据可知，M1 模型的各项指标在训练集上的表现均略优于验证集上的表现；M2 模型的各项指标中除 R 外，均为训练集表现优于验证集；M3 模型亦是除 AARE 以外，其余各项指标均为训练集优于验证集；M4 模型是除 R 外，各项指标在验证集的表现均优于训练集；M5 模型亦是除 R 外，各项指标均为训练集表现优于验证集。此外各模型在训练集和验证集上均有良好的表现，各指标在两个数据集上的表现略有差异，均在可接受范围之内，说明各模型不仅有较高预测精度，而且有较强的泛化能力，可以用于预测。

此外，通过对 N1 ~ N5 和与之对应的 M1 ~ M5 模型各指标的综合对比分析可知，GBP-Bagging 网络模型的整体表现均要优于单个灰色 BP 神经网络模型，可以证明 GBP-Bagging 网络模型的优越性能，进而，本书采用其对 2018 ~ 2022 年山西省高技术产业人力资源需求量进行预测。

第四节　山西省高技术产业人力资源需求预测分析

一、山西省高技术产业人力资源需求预测结果

1. 产业人力资源需求预测情况

采用第五章构建好的 GBP-Bagging 网络模型对山西省高技术产业 2018 ~ 2022 年的人力资源需求量进行预测，采用预测集 D3 的相关数据，预测结果如表 5-11 所示。

表 5－11　高技术产业人力资源需求预测结果　　单位：人

年份	医药制造业	航空航天制造业	电子及通信设备制造业	电子计算机办公设备制造业	医疗设备及仪器仪表制造业	（合计）高技术产业
2018	32956	4526	98765	1921	3352	141520
2019	34268	4869	98421	1953	4536	144047
2020	33965	4765	99124	2299	3256	143409
2021	34689	4821	102481	2118	2995	147104
2022	35458	4953	99186	2436	3512	145545

2. 产业科技人力资源需求预测情况

鉴于科技人力资源对高技术产业的重要性，本书采用 GBP－Bagging 网络的方法，将高技术产业人力资源影响因素和上一年高技术产业科技人力资源数量作为初始特征变量，将高技术产业科技人力资源需求数量作为目标变量，在此基础之上构建山西省高技术产业科技人力资源需求预测模型，并对 2018～2022 年的产业科技人力资源需求量进行预测，预测结果如表 5－12 所示。

表 5－12　高技术产业科技人力资源需求预测结果　　单位：人

年份	医药制造业	航空航天制造业	电子及通信设备制造业	电子计算机办公设备制造业	医疗设备及仪器仪表制造业	（合计）高技术产业
2018	2666	389	731	213	298	4297
2019	3163	449	915	225	427	5180
2020	3403	464	971	255	301	5394
2021	3413	432	1107	247	253	5453
2022	3734	454	1012	292	315	5806

二、山西省高技术产业人力资源结果分析

从表 5－11 预测结果中可知，山西省高技术产业人力资源的需求量总体呈现上升趋势，到 2020 年将会增加到 145545 人，与 2015 年相比增加 6729 人，增幅为 4.85%，年平均增幅为 0.75%；但是产业人力资源需求并不是每年都增长，在 2020 年和 2022 年出现小幅度的下降，年平均增长率为 0.97%。具体到各产业，医药制造业在 2022 年的人力资源需求将会增加至 35485 人，与 2015 年相比增加 3988 人，增幅为 9.33%，年平均增幅为 1.08%；航空航天制造业在 2022 年

人力资源需求将增加至4953人，与2015年相比增加597人，增幅13.71%，年平均增幅为1.19%；电子通信设备制造业在2022年的人力资源需求将会增加至99186人，与2015年相比增加2741人，增幅为1.78%，年平均增幅0.40%；电子计算机设备制造业在2022年的人力资源需求将会增加至2436人，与2015年相比增加442人，增幅为25.83%，年平均增幅6.01%；医疗器械及设备制造业在2022年的人力资源需求将会增加至3512人，与2015年相比增加747人，增幅为33.28%，年平均增幅7.48%。在行业分布方面，各行业人力资源需求占比基本保持不变，电子通信设备制造业的占比略有所下降，电子计算机设备制造业略有所上升，但变化幅度较小，均在1.5%左右，其余产业的变化幅度均在0.3%左右。

根据表5－12可知，2018～2022年山西省高技术产业科技人力资源的需求数量总体呈增长态势，在2019增幅最大达到20.55%，年平均增幅在6.18%。虽各产业在2018～2022年呈现出增长态势，变化趋势差异较大；医药制造业在2018年呈现出小幅度下降，其余年份均为增加，年平均增幅为6.60%；航空航天制造业除2021年外，其余年份均为增加，年平均增幅为4.19%；电子通信设备制造业在2018年和2022年呈现下降趋势，其余年份均为增长，年平均增幅为4.81%；电子计算机设备制造业在2021年出现下降，其余年份均为增长，年平均增幅为18.22%；医疗设备及仪器仪表制造业的变化幅度为五个产业中变化最大的，年平均增幅亦达到了13.68%。

综上可知，虽然山西省高技术产业人力资源和科技人力资源的需求数量都呈增长态势，但是人力资源的增幅要远低于科技人力资源的增幅，其中电子通信设备制造业人力资源需求量的年平均增幅为0.40%，对科技人力资源的需求量的年平均增幅却高达4.19%，相差12倍之多，医药制造业亦相差6倍之多，其余产业中航空航天制造业相差3.5倍左右，医疗仪器仪表及设备制造业相差1.8倍左右，电子计算机设备制造业相差1.4倍。由此可见，科技人力资源在高技术产业中的地位愈加重要，尤其是对于发展相对成熟的高技术产业，为了产业进一步发展，对科技人力资源的需求将更加强烈。

本章小结

本章在分析人力资源需求预测常用方法的基础上，结合本书的数据特点选用灰色神经网络作为模型的核心，通过运用GRA方法进行特征变量预筛选以简化模型提高泛化能力，并运用Bagging算法进行集成学习提高不稳定学习算法的预测精度，由此构建 GBP - Bagging 网络模型，其模型主要包括特征变量筛选部分、灰色处理部分和集成神经网络预测部分。

在指标选取方面，本章根据国家统计局发布的《高技术产业分类目录》中所规定的具体行业，从《中国高技术产业统计年鉴》《中国统计年鉴》《中国劳动统计年鉴》和《山西省统计年鉴》查阅高技术产业的相关数据，借鉴第四章影响因素分析，以地区经济水平（RES）、地区劳动力情况（HUM）、政府政策支持（GOV）、产业发展状况（LHTP）、科研活动情况（RDE）、资产投资情况（AIS）、高技术企业规模（ESI）以及上一年高技术产业人力资源数量（LYN）的对应特征指标作为原始特征变量，随后运用灰色关联分析对各预测模型的关键特征变量进行筛选，并利用上文中确定好的集成模型结构参数，通过 MATLAB 2016A 软件对山西省高技术产业人力资源预测模型进行训练和测试。

同时，以高技术产业人力资源影响因素和上一年高技术产业科技人力资源数量为初始特征变量，将高技术产业科技人力资源需求数量作为目标变量，构建山西省高技术产业科技人力资源需求预测模型，对 2018 ~ 2022 年的产业科技人力资源需求量进行预测，得出预测结果如下：

（1）总体而言，山西省高技术产业人力资源的需求量总体呈现上升趋势，到 2020 年将会增加到 145545 人，与 2015 年相比增加 6729 人，增幅为 4.85%，年平均增幅为 0.75%。

（2）就产业分类而言，医药制造业在 2022 年的人力资源需求将会增加至 35485 人，增幅为 9.33%，年平均增幅为 1.08%；航空航天制造业在 2022 年人力资源需求将增加至 4953 人，增幅 13.71%，年平均增幅为 1.19%；电子通信设备制造业在 2022 年的人力资源需求将会增加至 99186 人，增幅为 1.78%，年平均增幅为 0.40%；电子计算机设备制造业在 2022 年的人力资源需求将会增加至 2436 人，增幅为 25.83%，年平均增幅为 6.01%；医疗器械及设备制造业在 2022 年的人力资源需求将会增加至 3512 人，增幅为 33.28%，年平均增幅为 7.48%。

（3）就年份分类而言，2018 ~ 2022 年山西省高技术产业科技人力资源的需求数量总体呈增加态势，在 2019 年增幅最大达到 20.55%，年平均增幅在 6.18%，2018 年医药制造业、电子通信设备制造业会呈现下降趋势，同时在 2022 年电子通信设备制造业也会呈现下降趋势；2021 年航空航天制造业、电子计算机设备制造业将呈现下降趋势。

综上可知，虽然山西省高技术产业人力资源和科技人力资源的需求数量都呈增长态势，但人力资源的增幅要远低于科技人力资源的增幅，科技人力资源在高技术产业中的地位愈加重要，尤其是对于发展相对成熟的高技术产业，为了产业进一步发展，对科技人力资源的需求将更加强烈。

通过以山西省高技术产业各行业人力资源需求预测为例对模型进行的检验可知，改进后的模型优于常用模型中效果较好的单一灰色 BP 神经网络模型，可以运用于实践。

第六章　山西省高技术产业人力资源开发对策建议

高技术产业属于知识密集型和技术密集型产业，需要大量的人才作保证，应不断地壮大山西省高技术产业的人才队伍，提高这支队伍的综合素质，迎接日新月异的高技术产业发展的挑战。通过调查研究发现，虽然山西省高技术产业人力资源和科技人力资源的需求数量都呈增长态势，但是人力资源的增幅要远低于科技人力资源的增幅，其中电子通信设备制造业人力资源需求量的年平均增幅为0.40%，对科技人力资源的需求量的年平均增幅却高达4.19%，相差12倍之多，医药制造业亦相差6倍之多，其余产业中航空航天制造业相差3.5倍左右，医疗仪器仪表及设备制造业相差1.8倍左右，电子计算机设备制造业相差1.4倍。由此可见，科技人力资源在高技术产业中的地位愈加重要，尤其是对于发展相对成熟的高技术产业，为了产业的进一步发展，对科技人力资源的需求更加强烈。

为了更好地满足未来山西省经济持续发展对高技能人才的大量需求，培养出一大批优秀的高技能人才，全省可以从政府、企业、高校三个层面出发来扩大高技能人才的供给规模。

第一节　政府层面

1. 引导高校调整学科结构，增设面向高技术产业的专业

高职、技工学校一直是山西省培养高技能人才的主要阵地，其选择的专业课程是否合适直接关系着将来为山西省输送的高技能人才的质量好坏。虽然目前山西省已经拥有多所高等职业技术院校和一些中专技工学校，但是经常会出现学生在技校学到的课程知识，毕业后去企业工作时根本不需要或者即便能用到，多数也都比较陈旧的现象。因此，高职院校首先需要完善专业课程的设置，应该以市

场的实际需求为导向去合理设置专业、改革课程内容，以期适应全省经济发展的一线技术岗位，不能过多地参照普通高校的专业课程进行规划设置，毕竟高职院校主要是为了培养技术性较强的技能人才，更多注重的是技术方面，而高等学校是以培养具备一定科研学术能力的人才为主，更注重学科知识。

山西省的高职、技工院校可以通过聘请省内外相关企业的专家组成专门的调查小组深入了解山西省现有的高技能人才的岗位实际需求形势，收集市场上的相关数据资料进行分析研究，然后再根据这些统计信息进行合理的专业设置和改革，如果由于资金缺乏无法支持这项工作的开展，那么全省的高职、技工院校可以采取几个甚至全部学校合作的方式，共同去支持完成对全省高技能人才实际需求状况的调查，这样不仅能为全省高职院校今后的专业课程规划设置提供更加科学有效的参考依据，而且为未来山西省高技能人才的发展乃至全省经济迅速发展提供重要的实践支撑。

同时要发挥政府主导作用，充分调动企业、行业和社会力量的办学积极性。拓宽高技术产业办学渠道，实行全面多元化办学格局。大力支持、扶持企业、行业组织和民间资本兴办职业教育。要加强政策引导，创新职业教育办学模式。要适应产业发展需求，合理设置专业、安排课程、编制教材、确定学制。要注重提高学生的就业创业能力，推进校企合作、工学结合，加快技能型人才培养培训步伐。

高等职业技术学院要根据山西省经济发展要求，面向市场、面向基层、面向企业，及时、合理调整和设置专业，重点培养适应老工业基地建设和产业结构优化升级需要的高技能人才和实用型人才。当前和今后一个时期，要有针对性地选择重点产业、重点行业、骨干企业和重大项目，高度重视培养机械、冶金、化工、制造、加工、食品、能源、环保等传统产业和电子信息、航空航天等高技术产业以及现代服务业的高级技术工人和技师队伍，加快解决老工业基地普遍存在的“技工荒”问题。山西省政府要突出职业教育在地方发展战略中的重要地位，给予一定的扶持。首先，要将职业技术院校发展经费和高技能人才培养经费列入政府财政预算，确保对职业技术教育的基本投入和职业技术院校的软硬件建设。其次，要在政策上鼓励和引导企业和私人兴办或入股各类职业院校，为其发展创造良好的外部环境，进一步推动山西省职业技术教育市场化。

目前，山西省的高技术产业仍以电子通信设备制造业和医药制造业为主，而且根据预测分析结果可知，电子通信设备制造业和医药制造业在未来仍会有较大的人力资源需求，但对于这两个相对成熟的产业而言，科技人力资源的短缺更为严重，其余产业的人力资源缺口仍以普通人力资源为主。面对不同产业、不同层次人力资源的缺失问题，教育等政府职能部门需要对各高校的本科以及硕、博研究生招生专业进行相应的优化调整。对山西省而言，本地高校作为产业人力资源供给的主要来源之一，需要增设与通信、医药、医疗行业相关的专业，并增加其研究生招生名额，而其他专业应相应增加本科生招生名额。

2. 健全高技术产业引才政策，加大人才引进力度

对山西省而言，由于重点高校中与高技术产业相关的重点学科的缺失，自身的“造血”功能先天不足，再加之人才外流严重，实施相应的人才集聚工程就显得尤为重要。政府部门要实施人才聚集工程就需上下联动形成合力，完善引才政策对人才的区域性选择有重要的导向作用。一方面，通过建立引才绿色通道，政府部门设立相应的人才引进工作办公室来专门负责处理高层次人才引进的相关事宜，进一步提高人才引进工作效率；另一方面，设立专门的人才引进专项基金，用于资助引进的高层次人才。此外，还要不断创新引才政策。近年来，杭州、西安、武汉、成都等新一线城市在人才引进方面都有较大的举措，尤其是对硕士、博士的引进，山西省要想在新一轮的“人才争夺战”中占据一定优势，就必须不断创新人才政策，关注物质条件、发展平台、家庭生活等多层次人才需求，因此应当注重以下几点：

（1）抓住机遇，重点研究，营造环境，争取能够引进更多高层次的海外学人。结合本地区经济社会发展和产业结构调整的需要，有针对性地引进海外高层次人才，依托高新技术产业开发区、留学人员创业园、大学科技园等，推出一批特色项目，大力吸引海外高层次人才回国创业。科技基础条件平台建设是加快区域科技创新体系建设和吸引海外高层次人才的重要支撑，是科技创新的基础。要有效整合和配置科技资源，着力打造四个科技平台，即科技创新研发平台、科技信息共享平台、科技成果交易平台、科技企业发展平台，培育一批高水平的科技企业集群，形成竞争优势，提高产业集聚能力和技术扩散能力。

（2）充分发挥高等院校、科研机构、企业、商业金融机构、医疗单位等用人单位的主体作用。将海外高层次人才吸纳到能够充分发挥其专业和特长的岗位，为他们提供干事创业的舞台。符合条件的高层次引进人才，可以担任高等院校、科研院所、企业和商业金融机构、医疗单位的领导职务和高级专业技术职务，领衔重大科研和工程项目，申请政府部门的科技资金和产业发展扶持资金，参与重大项目咨询论证、重大科研计划和国家标准制定、重点工程建设，参加国内外各种学术组织等。

（3）大力推动科研工作机制创新，积极探索建立与国际接轨、符合国情的科研和管理机制。用全球视野、国际化方法招聘山西省急需的尖端人才，给予引进人才相应的科研自主权、人事管理权和经费支配权，积极探索既能够符合国际惯例又充分体现山西省特色的引才模式。根据引进人才的工作领域和工作性质，

实行弹性考核制度，避免多头评价、重复评价。对引进人才可以实行协议薪酬制，有条件的用人单位还可实行期权、股权和企业年金等中长期激励措施。

（4）实施高端人才带动战略，继续优化人才发展“生态环境”。对于特殊人才，要解放思想、转变观念，可以不受所有制限制，不受内外资限制，不受学历和年龄限制，不为所有，但求所用，只要有助于企业创新发展，开发区和创业园就应当帮助争取资金支持，帮助解决配偶就业、子女就学等后顾之忧。目前和今后一个时期高新技术企业的人才需求主要应指向这样一个特殊群体：即受过良好的高等教育，拥有技术专长和创新精神，在企业的整体发展中能够发挥核心作用的技术精英、管理精英和营销精英。这些高级人才的共同特点是：具有精深的专业造诣和创业激情，思维清晰，反应灵敏，创新意识强，对不同的文化和观念具有较强的容纳能力，富有冒险精神和探奇心理，能在瞬息万变的信息时代感受到变革的快感。

3. 营造有利于高技术人才创新的文化环境

文化对制度的影响，源于文化与制度相互交叉融合，使文化对制度和制度变迁具有广泛的约束力。文化对创新的影响在于文化精神，文化既可以促进创新，也可以阻碍创新。大力发展创新文化，就是要大力弘扬中华文化的优良传统，充分吸收借鉴国外文化的有益成果，努力培育高技术人才，不断增强全社会的创造活力。

（1）要着力激发企业家的创新观念，建立起良好的企业文化。

企业是创新的主体，企业家是企业创新行为的倡导者和组织者，企业家对创新的导向，是企业创新成功的前提，企业家是现代企业系统运作的核心。企业家之所以能够成为经济发展的“发动机”和“动力之源”，主要源于企业家精神。企业家精神是企业家在经营管理过程中产生的一种体现其职业特点的思想意识、思维方式和心理状态，其本质是一种文化、一种锐意进取、一种势不可当的创业冲动。企业家精神还是一种追求个人智慧的实战和价值的实现的精神力量。

企业家精神的本质就是机会意识、创新精神与理性冒险精神的有机结合，具体来说，就是强调企业家能够用一种全新的理念和视野来审视市场环境，通过“创造性破坏”来具体解决企业的生存和发展问题，具有在不确定性和复杂性日益增加的商业经营环境中识别并把握机会的能力、创新的能力。企业家精神的特征主要是指企业家与一般的管理者相比，在管理和决策行为方面所表现出来的差异。企业家精神教育是指向个体教授理念和技能，以使其能识别被他人所忽略的机会、勇于做他人不敢做的事情，包括机会感知、风险性的资源整合、新企业开创和新企业管理等内容。企业家是现代企业技术创新行为的最高决策者，他们的创新意识直接影响着企业的技术创新行为。一般来说，优秀企业家具有强烈、先进的技术创新意识，他们勇于探索，富有激情和创造力，风险意识强，具有不断追求更高目标的精神。

另外，优秀企业家不怕在创新中遇到挫折，他们会通过挫折甚至失败来总结经验，以利于创新的最终成功。更重要的是，具有强烈、先进创新意识的企业家会使他们的企业也具有强烈、先进的技术创新意识。因此，企业家精神是现代企业技术创新行为不可轻视的内生动力。山西省各级政府不但应当注重对优秀企业创新精神的宣传，还应注重对优秀企业尤其是优秀高技术企业文化建设的弘扬。企业文化与思想政治教育二者之间，有联系但却又不尽相同，它们的共同点在于，都是想通过改变人们的思想而最终实现其行为的提升转变。但是，二者又有所不同，企业文化是企业领导倡导的，要求全体员工遵守并实现逐步认同与实践的共同价值观和不断革新的一套行为方式，企业文化的依托在企业，根基在经营，前提在观念，离开这些也就不称其为企业文化了。

（2）加强全省科普能力建设，不断提升全民科学素质。

创新需要汲取人民群众的智慧和力量，需要人民群众的广泛参与。因为人民群众是历史的创造者，是推动社会历史发展的真正力量。在马克思主义的政治观点中，第一位的是群众观点。群众的广泛参与，群众的首创精神，群众在伟大社会实践中总结提炼出的新鲜经验，是最宝贵的财富。国家科普能力表现为一个国家向公众提供科普产品和服务的综合实力。主要包括科普创作、科技传播渠道、科学教育体系、科普工作社会组织网络、科普人才队伍建设以及政府科普工作宏观管理等方面。加强国家和地方科普能力建设，提高公民科学素质是增强自主创新能力的重要基础，也是推进创新型国家、创新型省份建设的重要保障。

科普能力建设是山西省发展高新技术产业，建设创新型省份的一项基础性、战略性任务，科技界、教育界、企业界和社会各界都应高度重视，齐心协力，形成合力，切实抓好。科研机构和大学向社会开放要坚持公益原则，不以营利为目的，突出社会效益。同时，开放活动应充分体现实践性、体验性、参与性和实效性，采取各种喜闻乐见、深入浅出的方式，使公众在参观科研过程、参与科研实践和探讨科技问题等活动中，增进对科学技术的兴趣和理解，提升其使用科技手段分析和解决问题的能力。从企业的情况看，企业应积极利用自身的产品、技术、服务和设施等优势，向社会开放，面向公众开展形式多样的科普活动。

与此同时，全省各类企业应从企业自身实际出发，捐资捐助社会公益性的科普设施建设和科普宣传活动。充分发挥职工技协、企业科协、企业研发中心、企业工程技术中心等组织机构的作用，在企业中因地制宜地开展职工岗位技能培训、群众性技术革新、发明创新、合理化建议等活动。有时候，在企业中职工的智慧就是开启创造性思维的一把钥匙。在日本，20 世纪 70 年代在大中小企业就普遍兴起一种创造性的“设想运动”。比如著名的丰田汽车公司，1975 年通过“设想运动”就收到 381438 件发明创造的设想和建议，这些创造的设想和建议绝大多数被采纳，丰田公司由此获得了巨大的经济效益。

（3）要全力提高全省各级领导干部的创新意识和创新能力，为提高本地区、本部门、本单位的创新水平做出努力，为促进区域高新技术产业的发展做出新贡献。

首先，要教育干部尤其是各级领导干部，深刻认识创新在当今时代的重大意义。创新推动着人类社会的发展和进步，创新的进程与创新精神是分不开的。创新精神是科学精神和人文精神的主要体现。缺乏创新精神的科学精神不是真正的科学精神，而是书呆子精神；缺乏创新精神的人文精神是一种不求进取的教条化精神。有了创新精神，科学精神和人文精神才会有灵魂，才会成为勇往直前的动力。创新能力是指对已积累的知识和经验，通过创新性思维进行科学加工，提出新想法，创造新事物的能力。创新能力是智力的高级体现，是知识和技能运用的结果。创新是人类文明的源泉，是人类生活的本质，创新既是人类主动精神的核心，又是人类历史进步的重要动力。尤其是在 21 世纪面临知识经济到来的时代。创新能力是关系到一个国家综合国力和国际竞争力在世界总体格局和经济全球化中所处地位的重要因素。未来综合国力的竞争，已经不完全是生产力的竞争，而是创新能力的竞争，国家创新能力关系到中华民族的命运和前途。各级领导干部肩负着建设创新型国家的历史重任，领导干部的创新能力是国家创新体系的重要组成部分，并决定着国家和区域创新体系的建立和发展。

其次，领导干部要在建设创新型省份中成为学习创新文化的模范。创新需要丰富的知识来支撑，因为创新不是异想天开，而是在丰富的最新的科学知识指导下的一种创造和实践活动。只有掌握了丰富的知识，才能心明眼亮，具有开创精神，没有丰富的知识作为基础，思维就不会有广度和深度，就不可能进行深刻的分析和丰富的想象，也就谈不上什么创新，只能是蛮干。人类社会的发展进入 21 世纪，信息膨胀和知识爆炸让我们的生活发生了翻天覆地的变化，竞争日趋激烈，优胜劣汰成为了这个时代的一个显著特征，人们的生活方式、思维方式、价值观念等也发生了巨大的变化。处于这样的变革时代，人们的领导观念以及对领导角色的认识也有了新的发展基础。领导干部要适应新形势的发展，就必须开发创新能力，提高全面素质，而开发创新能力的基础，是不断加强学习，树立终身学习意识，养成良好学习习惯，把学习作为人生的一大乐趣，成为所在单位或部门学习创新文化的模范。实践证明，只有不断学习，才能思维敏捷，想问题、做工作才有新意，才能赢得竞争的胜利；只有不断学习，才能认识时局，抓住机遇，不断发展壮大自己；只有不断学习，才能认识事物本质，找准创新项目，获得创新成果。

最后，领导干部要成为营造有利于创新文化环境的践行者。创新是一定历史环境的产物，著名的创造学家韦斯伯格说，“实质上是环境真正创造了创造力”，高水平人才的培养和凝聚更需要特殊的文化环境，这种环境不但包括培养和凝聚高水平人才的制度环境和相应的载体，而且还包括以竞争、进取、宽容为内核的创新文化。文化对人才、制度、创新会产生潜移默化的影响。文化对人才的特殊功能就是它对人才的凝聚作用，是影响人才发挥作用的基础性因素。大力发展创新文化，营造有利于创新的文化环境，就是要大力发扬中华文化优良传统，充分吸收国外文化的有益成果，努力培育全社会的创新精神，不断增强全社会的创造活力。营造有利于创新的文化环境，从广义上说，就是要建立起有利于创新的人文环境。例如，美国的硅谷之所以能够不断地实现创新，不全在于它有良好的技术条件，更在于它有一个有利于实现创新的文化生态系统。总之，领导干部要善于总结经验，在营造有利于创新的文化环境工作中，不拘泥于一时一事的成败得失，而是从战略全局高度来探索工作中具有规律性的东西，这就需要视野开阔，高屋建瓴，才能使之成为指导今后工作的可靠依据。

4. 构建“人才需求数据库”和“技术需求数据库”规范

建立并不断完善“海外学人专家数据库”“山西省企业技术需求、人才需求数据库”“山西省归国人员数据库”等，及时掌握全省高校、科研院所、大企业及企业集团年度科技外事活动计划，扩大海外学人创业服务的影响，吸引更多的海外学人回国创业及合作交流。要把人才引进与产业发展相结合、创业与工作相结合、支持个人与扶持企业相结合、国内发展与国际合作相结合，为海外高层次人才提供创新创业的理想平台，让海外高层次人才能够得到实实在在的支持。要把培养高技术人才作为一个战略任务切实抓好，培养和造就大量的高技术人才是高校和科研院所进入经济建设主战场的重要保障。

目前和今后一个时期，山西省高技术企业需要的是大量的实用性人才，即普通工程师、技术员和高级技工以及中级管理人才。但是，现在我国教育体制并未有针对性地培养这些人才，造成的实际后果就是，一方面大量的高校毕业生就业难；另一方面能够吸纳一定人力的高技术企业却常常难以招聘到合适的人才，而相反地，一些技校、中专的毕业生却在人才市场上大受欢迎。究其原因，就是普通高等教育机构培养人才的目标出现了偏差，针对性不强，还不能适应高技术企业的实际需求。当前要着重培养高技术应用型人才和留得住各类管理人才，要以改善知识结构、增强创新能力、提高综合素质为目标，充分发挥高校、科研机构的主阵地作用，搞好普通高等教育改革，多渠道开展在职培训工作；要逐步建立和完善继续教育体系，不断提高全省干部职工的整体素质；要进一步拓宽教育培训的渠道，建立社会化的培训网络和培养机制，注重选送高校和科研院所的科技人才到国外高校和国际组织中去学习、进修和访问，鼓励科技人员积极参与国际科技学术会议、专业性科技会展。围绕基地建设和高新技术产业的实际需要，实施重点学科带头人引进和培养计划，进一步加大力度实施自然科学基金、省杰出青年科学基金、省青年科学基金、留学归国人员基金及部分高新技术产业化发展资金，培养青年科技人才及高层次科技人才。

山西省要加快发展，必须高度重视科技人才队伍建设，最大限度地将现有人才的积极性调动起来，把外面的人才吸引进来，使潜在的人才涌现出来，全面提高智力支撑能力和人才保障能力，要最大限度地用好现有科技人才，人才的浪费是最大的浪费，荒废人才必然贻误发展机遇。要树立全面的、发展的、切合省情实际的人才观，努力形成人尽其才、才尽其用、各得其所的用人局面，使人才创业有机会，于事有舞台，发展有空间。加快构筑人才平台，发挥人才作用，就要搭建平台或舞台。

第二节　企业层面

1. 提高员工的福利待遇，给予必要的资金支持

重视知识、重视人才是21世纪知识经济时代的基本特征，也是未来企业管理的一个重要趋势。21世纪高技术企业知识创新最重要的是人力资源的创新，其中，企业经营管理是高技术企业的一个重要特征。在经济全球化时代激烈的市场竞争中，企业的兴衰成败与企业家有着极大的关系，企业之间的竞争说到底就是企业家之间的竞争。一个成功的高技术企业的企业家，在某种程度上就是一个高级设计师，他可以凭借世界各国和地区的资源，来描绘本企业在该行业领域内的基本定位和发展蓝图。

在高技术企业内要建立起合理有效的人员流动机制，就需要建立对各类人员尤其是科技人员的绩效考评体系。对科技人员进行绩效考评，应及时获得科技人员的反馈信息，制定切合企业实际的人事决策和措施，以便调整和改进其效能。首先，应建立有效的人事考核运行体系。制定切实可行的考核标准，按照每项职务工作的性质、内涵和要求，确定责任权大小、工作难易程度和熟练程度，从而确定提高职务所需要的知识、技能、经验等条件。建立独立的考核系统，确定考核要素及内容，确定考核方式和方法。通过晋升、提薪、奖励、调动、培训等方式和约束、激励、引导等组织行为，促使科技人员按组织要求努力工作，发展自

己。其次，应成立公正、高效的考评组织。实施考评是一项严肃、认真的任务，应成立正规的考评组织来加以实施，考评执行者应当了解考评职务的性质、工作内容、要求及考评标准，熟悉被考评者本人的工作表现，公正客观、力戒偏见。最后，应严格考评的制度要求。考评工作应达到预期的目的，同时又能为科技人员所接受，严格考评制度，确保绩效考评的客观、公平、公正，让科技人员能够通过考评发挥优势、克服不足、促进自我整改和提高，为企业发展做出最大贡献。

高技术企业是高技术产业的基本组成单元，是产业人力资源的主要依附组织。企业能否留住员工，对解决地区人力资源流失问题有着举足轻重的作用。根据对山西省毕业大学生的相关调查得知，很大一部分学生毕业之后不愿意留在山西省的原因是薪酬过低，远低于一线和新一线城市的薪酬水平，而山西省的消费水平并不低。因此，提高员工的薪资水平、福利待遇是企业应该注意的。此外，企业还应该为高层次人才的引进提供必要的配套经费支持。

对于高新技术企业的核心人才来说，薪酬的高低不仅是反映自身的劳动所得，在某种程度上更体现了自己在企业中的地位、价值和贡献，体现着自己在企业中的存在感。全球华人首富李嘉诚先生的长江实业集团的核心人才流失率不仅低而且能吸引全世界各地的人才去为其工作，很大一部分原因就在于李嘉诚为核心人才提供了丰厚的薪酬。所以，构建有竞争力和吸引力的薪酬体系不仅对高新技术企业留住核心人才有积极意义，更对高新技术企业吸引和引进核心人才起到重要作用。

首先，高新技术企业是以盈利为目的的企业组织，这也就决定了企业要在开放式的环境中进行高强度的竞争。具有竞争力的薪酬体系，主要分为薪酬水平的外部竞争和内部竞争。薪酬的外部竞争，主要是指高新技术企业与同行业中的其他企业相比较，本企业能为核心人才构建有竞争力的薪酬体系。薪酬的内部竞争，主要是指高新技术企业中的核心人才同企业内部的其他人才的薪酬相比较，要有较高的竞争力。也就是说，核心人才不仅关心的是自己的薪酬水平同以前相比是否有提高，而且更多关注的是和自己同行业、同企业以及同一职级的其他人才的薪酬水平。一旦有较大的薪酬差距出现，人才流失行为就会产生，同时也就吸引不到其他的核心人才来企业工作。

其次，高技术企业核心人才的薪酬体系可分为显性的薪酬和隐性的薪酬两部分，显性薪酬包括基本工资、履职津贴和其他激励工资；隐性薪酬包括基本福利、保险、补贴以及工作的成就感等。高技术企业的管理者在设计核心人才的薪酬体系之前，要先做好一定的调查工作，需要根据同行业或同职位的薪酬标准，结合企业本身的实际情况，构建出有竞争力和吸引力的薪酬体系。有竞争力的薪酬体系会使核心人才更加珍惜自己的工作，有更高的积极性去为企业贡献自己的一切。相比于显性的薪酬而言，核心人才往往更关注隐性薪酬，隐性薪酬的改善更能提高薪酬的竞争力和吸引力，但仍需将显性薪酬和隐性薪酬合理地结合起来，因为隐性薪酬是以显性薪酬为基础的。例如采用股票期权制，这是高技术企业能够长期留住核心人才以及吸引新人才的有效办法；或是进行核心人才持股奖励方案，使核心人才和高新技术企业共同成长，从根本上激发核心人才持续工作的积极性。

基于高技术企业核心人才的特质，他们的性格和需求都是不同的，这就决定了他们所需要的隐性薪酬是有差异性的，可以考虑在符合整体原则的情况下构建出多元化、有灵活弹性的薪酬体系，对核心人才而言会更有吸引力，同时高技术企业的成本也并未提高，弹性的隐性薪酬可使核心人才感觉到发自内心的关怀和尊重，同时也能吸引到新的核心人才，为高新技术企业添加新的正能量。

为了改善分配的公平和程序的公平，高新技术企业需要有一个科学合理、客观公平的核心人才绩效考核体系，对核心人才的薪酬、奖惩等做出公正的决定。绩效考核体系的内容一般包括核心人才的能力、潜力、工作态度等方面，并需要针对不同岗位的核心人才做出不同的、灵活的考核体系。对于高技术企业来说，核心人才对企业的贡献是不可缺少、难以替代的，所以准确、公平的评价核心人才对企业的实际贡献是对人才的鼓励和肯定。绩效考核可采取平衡计分卡的方法进行分类的考核。平衡计分卡是一种战略性人力资源管理思想和指导方法，强调将企业的战略目标转换为每个企业员工的日常行动，平衡计分卡主要由八个项目组成，包括：构面、构面权重、关键绩效指标、目标值、实际值、权重、数据来源和得分，并考虑将绩效等级细分化，从而调动核心人才的工作积极性。企业管理人才，关键绩效指标主要作用有以下几点：

（1）企业的核心管理人才，其关键绩效指标主要是利润额度和市场占有率，这两个方面的权重比较大；而相对来说战略管理的制定和组织协调能力的权重相对较小，对核心管理人才的考核应当是年度考核并与其年度奖金接轨。

（2）企业的关键技术人才，其关键绩效指标在于产品的创新研发和可行性推广，其业绩考核可采用年度考核或是季度考核，并与绩效奖金以及职称的晋升接轨。

（3）企业的重要市场运作人才，其关键绩效指标是销售额度和业务指标，其业绩考核可采用年度、季度或月度考核，并加入销售奖励。

（4）在绩效考核结束之后，为了体现公平性，应将核心人才的考核结果及时反馈，这样不仅可以给核心人才表现的机会，还可以督促其在业务上不断努力进步。

2. 加强“老中青”人才梯队建设，保持合理年龄结构

人力资源学家霍夫斯塔特的“组织实践的文化相关性理论”提出不同文化背景下的员工在集体主义和个人主义、权力距离预期、风险规避、长期导向与短期导向等方面价值观不同，在制定人力资源政策时应考虑文化的深远影响。分析目前身处的劳动力市场，在我国经济发展的不同阶段中成熟起来的劳动力在上述几个方面也有特点，以35岁为界，将员工分成35岁以上和35岁以下（包含35岁）两类。经研究发现，各产业的年龄结构和知识结构存在不平衡，各产业间的人员比例有所失调。通过对产业人力资源年龄结构的分析可知，虽然目前产业主力军是以青壮年为主，但是劳动力趋于老龄化的趋势较为明显，尤以医药、航天、医疗设备制造业为主，因此如何对待已退休或即将退休的员工将成为亟待解决的问题。高技术企业不同于普通产业，其员工多以知识型员工为主，随着年龄的增长，其丰富的工作经验、隐性知识对企业来说都是一笔巨大的财富，所以应当依据员工的工种、职称、所处岗位对员工的退休年龄做出相应的调整，而不是简单的“一刀切”。构建合理的人才梯队，以便中青年员工向前辈学习更多的工作经验。

有些产业中年轻人仍然不是主力且缺乏高素质人才，致使产业发展火力不足，不利于高技术的引进和发挥，有些企业的高层缺乏年轻人才，不断发展的多元产业格局要求具有一大批懂专业、善管理、会经营的复合型青年人才来不断增加单位发展后劲。但现下的人才状况，还需要较长时间的培养和锻炼。且就目前的发展状况来看，青年人才跳槽的概率颇大，有些企业青年人才流出人数与同年引进人数基本持平，青年人才流失不利于人才队伍的发展壮大。除了要大量从外招聘和引进外，更加需要发掘各产业现有的人才，比如年龄在35岁左右的中高级技术人员，他们有可能是该产业未来若干年内的技术支撑，应给予重点关注。一方面，他们有较长时间的工作实践，专业技术经验丰富，较容易接受新鲜的事物和知识；另一方面，这类人是人群中最为稳定者，易于管理而不易流失。然而这类人群由于上不如老工程师们资历深厚，下不如年轻人学历高，反而最容易成为被人们忽视的人群，该行业应当给予他们重点培养。

在当今社会，青年人是所有人群中最需要被双重肯定的务实者，他们既希望为自己创造满意的物质基础，同时更希望能在精神上获得肯定和认同，各产业都应当在这两方面给予重视。目前，绝大多数的青年人都有对其本职工作前途上的担忧，有些企业也不能使其产生归属感，这种现象很容易造成人才的流失。所以对于企业来说，就要求有较强的凝聚力，除了要有快速稳定发展的经济基础做保证，还必须建立起属于企业自身的文化精神，特别是营造一种人人平等、相互尊重、整体和谐的发展氛围。

3. 细化人才管理机制，有效地识别、调配人才

加大科技人才公推公选范围，打破地域、身份和资历的限制，形成低门槛进、严标准选的选人用人格局。消除人才使用的官本位意识，推行科技人才职业发展规划，尽量减少或是避免出现高层次人才无故转岗的现象。把用好人才作为根本出发点，围绕科技人才使用开展科技人才培养和引进工作，坚持在使用中培养，为使用而引进，以使用来激励，充分调用科技人才的积极性、主动性和创造性。打破论资排辈等传统观念的束缚，提高用人的灵活性和适用性，努力为“想干事、能干事”的科技人才提供施展才华和抱负的机会与平台。

建立竞争择优、优胜劣汰的上岗机制，实行全员聘用合同制，按需设岗，公开招聘，竞争上岗，合同任用。积极推进分配制度改革，建立体现岗位绩效和分级分类管理的薪酬制度，扩大企事业单位内部分配自主权，重点倾斜高端人才和关键岗位。有条件的企事业单位，可以尝试实行高层次科技人才年薪制，真正做到一流人才、一流贡献、一流报酬。探索制定山西省高层次科技人才个人所得税优惠政策，充分发挥税收的杠杆调节作用，进一步增强山西省对高端人才的吸引力。对省内冲击世界前沿重大科研课题的攻关人员，在生活待遇、后勤服务等方面给予重点倾斜。根据各级各类科技人才的不同特点，规范职业分类和职业标准，建立符合人才规律、注重业绩创造的人才考核评价标准和办法。深化职称制度改革，打破职务晋升年限、学历和台阶的限制，以业绩和贡献作为晋升的标准；打破职务终身制，对些许张扬的科技人才实行低职高薪，对学术平庸的高级职称人才实行高职低聘。

企业的兴衰人才是根本，人们对人才标准的认识和理解是不尽相同的，当许多企业竞相到社会或者同行业企业去招聘挖掘各类人才时，殊不知，人才就在自己身边，就看是否有一双慧眼去识别人才，企业求才完全可以在企业内部中寻找。实践证明，作为高技术企业，建立竞争机制来识别人才、调配人才、最大限度地发挥人才的作用，是完全必要的，也是企业保持旺盛活力的重要手段之一。人的才能各异，各有所长，也有所短，只有将其放到最适合的岗位上，人才能够扬长避短，充分发挥出自己的潜能。但是，人与事的最佳配合不是一劳永逸、一成不变的，而是动态的、变化的。有时，随着工作内容的扩充、技术的改进、设备的更新，人的能力会变得越来越不适应；有时，人的能力的提高、经验的丰富、年龄的增长、兴趣的转移，对眼前的工作会产生不安于现状的想法，甚至会产生一定的厌倦情绪，如果不及时对相应人员进行调整和补充，不仅会影响工作，更会影响人员才能的发挥，影响企业内部杰出人才的脱颖而出。

高技术企业的特殊性决定了企业管理者和核心科研人员的重要性，从企业内部选拔人才，就要最大限度地调动高技术企业人力资本的创新积极性，使其能够

为企业的创新发展做出更大的贡献。高技术企业人才管理水平是获取和稳定人才队伍的重要保证，山西省高技术企业应站在企业长远可持续发展的战略高度，从企业体制和管理模式的整体改革入手，构建适应知识经济社会发展的企业人才管理模式，为企业人才的健康成长创造良好的环境。现代人力资源管理，反映在管理制度的实践中，需要将一些管理观念制度化，做到制度先行。也就是说，现代人力资源管理制度应该体现一种价值导向，在实现组织目标的同时，还要考虑企业战略绩效导向、员工发展导向、企业价值导向、竞争动力导向、制度公平导向等管理目标，将这些目标具体化，保证员工发展和企业价值的实现。

那么，既然现代企业科学管理强调的是以人为中心，力求人与物的统一，就必须树立和强化人才是企业安全管理的重要组成部分，是企业兴旺发达与否的重要组成部分的观念，树立和强化高技术人才流失是高技术企业最大财富流失的观念，树立和强化高技术人才的流失虽然不可避免但是仍然可以防范的观念，构建起高技术企业人才安全管理体系。

首先，在高技术企业中要建立起高技术人才预警机制。山西省在全国作为经济不发达省份，高技术人才流失在某种意义上来说是不可避免的。但是，从现实情况来看，如果做好前期工作，许多企业高技术人才的流失又是可以避免的，主要就是因为在早期对他们的思想动态、工作情绪、个人需求了解不够，缺乏警觉，时间一长，就会导致问题日益严重，最后难以挽留，造成人才流失，有的时候是关键人才的流失，会给企业造成难以估量的损失。因此，应当引起企业的高度重视。一般来说，高技术人才从萌生离开的念头到正式辞职或者不辞而别，其思想状态和自身行为都有一个从量变到质变的过程，这就为企业人才流失的预警提供了可能。一个惜才、爱才、用才的企业要善于发现和敏锐捕捉人才流失的前期征兆，企业负责人或部门负责人应及时了解情况，进行疏导、解释、劝说，晓之以理，动之以情，用企业的真情实意去感化对方，要认真了解对方的真实想法，在不违反企业的根本和长远利益的情况下，能够解决的要尽量解决。为了在现阶段人才竞争十分激烈情况下不使企业出现人才流失，每个企业都应建立经常性的谈心、交流沟通机制，人才思想动态反馈机制，人才离职信息及时报告和回应机制、思想政治工作机制等。

其次，要在高技术企业中树立尊重知识、尊重人才、为人才施展才华搭建舞台的机制。从根本上讲，高技术企业要想吸引人才、留住人才、稳住人才，防止或者减少人才外流，关键是要把企业的内部事务搞好，把企业的效益搞上去，用企业共同的价值规范和文化象征来引导人们的行为，增强全体员工在生产和经营活动中的忠诚力、向心力和凝聚力，从而增强企业的生存能力和相应的应变能力。但是，从长远方面看，建立有效的安抚人才机制是一种必不可少的重要措施。高技术企业是一个具有学习、创造、转移、应用和管理知识的组织，它的任务不仅仅是利用组织内部或外部现存的知识来解决产品开发和生产过程中遇到的问题，而是当面临现存知识无法解决的新问题时，企业必须比竞争对手能够更快地创造出新的知识来满足新产品和新市场的要求。因此，高技术企业必须非常注重知识的开发和生产的投入，非常尊重知识、尊重人才，视知识创新、技术创新为企业获取竞争优势的关键性资源。

一般来说，高技术企业非常注重对创新型人才的培养和选拔，而且高技术企业员工中知识型员工所占的比例也比较高。有人也把高技术企业称之为知识型企业或后现代企业。为了提高高技术企业的知识创新和技术创新能力，应把企业建成学习型组织，目的在于企业内部通过不断的共同学习，突破个人能力上限，创造新知识，培养全新、前瞻而开阔的思维方式，全力实现组织的知识愿景。企业家鼓励科技人员在工作中边学边干，通过实践来提升技术水平，提倡员工业余学习各种专业知识，定期选派人员到大学和研究机构去进修相关专业，鼓励开展各种学术交流活动，用学到的知识解决技术创新中遇到的各种问题；派员工出外考察，收集各种技术经济信息，为企业科学决策服务。在边学边干过程中要注重三点：一是高技术企业需要构建个人学习与组织学习、个人理想和企业发展紧密结合的共同愿望，引导员工为实现企业的目标而努力；二是将个人学习与团体学习结合起来，制定近期计划和长远规划，培养员工的团队精神；三是建立起完善的学习机制，营造整个组织的学习氛围，以学习促发展，以发展带学习。在这样的企业内部，高技术人才大有用武之地，应当得到充分的尊重。外流高技术人才并非一味追求物质条件，更多的是追求一种“人格”的尊重，一种宽松的工作环境，一个施展个人才华和抱负的现实舞台。高技术企业出现了高技术人才流失情况后，应当更多地从自身内部找原因，总结经验，查找不足，努力在营造尊重知识、尊重人才氛围上下功夫，全面关心人才的个人成长和发展，真正做到以事业吸引人，以组织文化凝聚人，以情感感召人，以制度管理人。

4. 加强产学研合作，与高校和政府发挥主体作用

部分中小企业缺乏进行产学研合作的积极性和主动性，对产学研合作创新重视不够。大部分企业仅着眼于找一些短、平、快的项目，与高校院所的合作停留在个别项目或短期合作上，缺乏从长远的观点考虑如何提高企业新技术的吸收及开发能力。另外，各项引导鼓励企业进行产学研合作创新的政策措施不多，还不能有效调动企业产学研合作的积极性。企业、大学和科研院所属于不同类型的组织，它们在任务和目标上有着本质的差异，在项目的选择上，学校的研究人员偏向于有一定学术水平、有利于评奖评职称的“课题”进行“研究”，但企业主要瞄准有市场需求的“项目”进行“开发”。这导致一方面大量的科技成果由于缺

乏市场需求难以推广，各种形式的科技成果洽谈会也效果不佳；另一方面企业的科技需求又难以得到满足。在项目完成的标准上，科研机构认为样机做出来就算成功，而企业要求能够大批量生产才算成功。企业的积极性很高，研究机构提供的技术也很好，但由于产学研合作中各方对技术价值的看法不同，各方的利益不能得到很好的处理，从而影响了合作的进程，有些甚至因此中止了合作，出现这个问题的根源在于各方对技术价值评价的标准存在差异。

产学研即产业、学校、科研机构等相互配合，发挥各自优势，形成强大的研究、开发、生产一体化的先进系统并在运行过程中体现出综合优势。产学研合作是指企业、科研院所和高等学校之间的合作，通常指以企业为技术需求方，与以科研院所或高等学校为技术供给方之间的合作，其实质是促进技术创新所需各种生产要素的有效组合。随着技术发展和创新形态演变，政府在创新平台搭建中的作用，用户在创新进程中的特殊地位进一步凸显，知识社会环境下的创新 2.0 形态正推动科技创新从“产学研”向“政产学研用”，再向“政用产学研”协同发展的方向转变。

产学研联合是企业、科研院所和高等院校之间的合作，通常主要是指以企业为技术需求方，与以科研院所或高等院校作为技术供给方之间的合作，也有一些综合性技术问题会涉及产学研三方的合作。产学研联合的实质是通过合理配置产学研各方面的资源，促进技术创新所需的各种生产要素的有效组合。产学研结合是一个交易过程，交易过程需要当事人投入时间和精力，支付信息费用和其他开支，这就是交易费用。在产学研结合过程中存在的交易费用主要包括沟通成本、谈判成本、履约成本和其他成本。山西省的高技术企业应主动、积极与省内外高校、科研院所进行对接，以市场为导向，搭建以资产为纽带、以技术为依托、以现代企业制度为规范的利益共享、风险共担的产学研联合模式——产学研技术创新联盟。

产学研技术创新联盟通过成员的优势互补和协同创新形成一种长效、稳定的利益共同体。将产学研合作从以“短、平、快”项目为主的单项合作提升到以高新技术产业化为指向的战略联盟。产学研联盟合作的形式主要有技术转让、技术承包、技术合作、技术入股、联办研究机构、成果中试、人才培养、联合办学、联合生产等多种形式。高技术企业一定要根据企业的自身条件和特点，灵活选择不同合作方式，从企业当前急需解决的现实问题入手，鼓励、支持企业科技人员积极参加产学研合作工作，由小到大、由少到多、由浅入深，在合作过程中不断总结经验教训。从合同立项、履行、成果鉴定、申报专利、申请奖励、成果转化和产业化、权益分红等诸多方面都要维护企业和科技人员的正当权益。同时，当产学研联盟合作中出现矛盾和问题时，企业要主动与科研院所或高等院校沟通，求同存异，取得合作单位的理解，及时将矛盾化解在萌芽状态。另外，也要看到，产学研联盟建立起良好、长期、固定、信任的合作关系绝非一日之功、一蹴而就，而是多年长期精诚合作的结晶。所以，联盟内的成员必须识大体、顾大局、讲团结、重诚信，科研必须求真务实一丝不苟，最重要的是不能失信于人，从而在开好局、起好步的基础上，使产学研联盟合作始终在平等互利、取长补短、彼此信任、注重实效的道路上发展。总之，大企业和大集团的主体作用、高校的主力军作用和科研院所的引领作用，应在推进自主创新、促进科技成果转化、增强产业竞争力的高平台上“聚集聚变”，释放巨能。

近年来，高校在企业的支持下，把企业的设备、技术、人才、产品等条件，作为办学的优势资源。整个科研场所成了高校培养技能型人才的实训基地，有经验的工人师傅成了实训教师，而学生也具有了技术工人的双重身份，形成了“工厂是学校，车间是课堂，师傅是老师，工人是学生”的校企合作培养模式。学生在校学习期间，除在校内学习理论，大部分时间在科研场所参加实训。实践证明，政府推动、依靠企业、校企合作是加速培养高技能人才的最佳途径。

就专业技能人才而言，专业技术类院校是培养技能人才的摇篮，而实训教学是技能人才培养的重要环节，所以与企业联手培养人才至关重要。专业技术类院校毕业生供不应求，一些学校与企业签订许多培训订单，这主要是源于专业技术类院校始终坚持“以就业为宗旨，以需求为导向”的办学方向，突出技术导向办学特色，主动与企业联合，深入校企合作，实行定向培养。

第三节　高校层面

高校是为企业培养高技术人才的重要基地，加快山西发展，离不开人才的培养，离不开人才的支撑，如果没有教育事业的快发展、大发展，没有一大批高素质的人才，加快高技术产业的发展就会成为一句空话。在新的发展阶段，必须要更加重视教育工作，大力发展教育事业，为山西省更好更快发展提供科技支撑、智力支持和人才保障。自 20 世纪 80 年代开始，全球产业结构已呈现出由“工业型经济”向“服务型经济”转变的趋势。山西省要面向世界一体化、经济全球化、贸易国际化，实现更好更快发展，必须要加快现代服务业发展，这就需要大量信息、物流、旅游、会展、金融、文化产业等现代服务业人才。因此，必须要加强教育工作，加快紧缺人才的培养。纵观当今科学技术发展进程，一个杰出的领军人物，往往能够带动一项重大技术的突破，乃至一个学科、一个产业的兴起。领军人才是创新人才队伍中的中流砥柱，在经济发展中具有十分重要的作用。一定要充分发挥教育在创新人才培养中的重要作用，把加速培养造就优秀科技人才特别是科技领军人才作为一项十分紧迫的任务来抓紧抓好。

高校首先要做的是转换思路和转变思想观念，强化社会服务意识，从自身实际出发，找准自己的定位，主动进入全省经济建设主战场。谈到高校强省，许多人首先想到的是高等教育要规模大、质量高、结构优、效益好，但却很少提及服务强。各个高校在出人才、出成果方面，都有专门机构、专门人员常抓不懈，但在服务社会、服务企业方面就显得不足。似乎培养出高规格的人才、拿出高水平的成果就是本分，而在直接进入企业从事实际问题研究和产品开发，尚存在着很大的工作空间。有的高校也有为企业、为经济社会服务的计划，也做了不少事情，但是经常出现脱节、不到位、持久性差、效果不明显等问题。产、学、研的结合是一个老问题了，这里面既有认识问题，也有保障措施的具体落实问题。

1. 加强与企业等用人单位联系，产学研联合培养科技人才

以市场需求为导向，走产学研合作之路，加快高校科技成果产业化进程。充分发挥山西省高校多、重点学科多和在高新技术方面具有的优势，进一步加强产学研之间的合作和共同发展，以建立开放、流动、竞争、协作的运行机制为中心、以加快高校技术转移、成果转化和高技术向传统产业渗透、辐射、扩散为目标，以重点培育和扶持一批生产力中心、成果转化中心为主力的专业化水平高、组织协调能力强、运行规范化的骨干科技中介机构为手段，促进高校与企业共建研究基地、共同申报国家和地方科研项目、积极参加地方的技术培训、技术评估、技术咨询、技术开发和技术服务，真正融入地方技术创新体系，使高校确实成为区域经济发展不可或缺的重要组成部分。

虽然目前山西省高技术产业面临人才短缺的问题，而且在未来一段时间内对人力资源的需求仍呈增长态势，但在各地方高技术产业人才普遍缺乏、人才引进效果不佳的现状之下，高校人才培养在解决高技术产业人力资源不足的问题中具有举足轻重的地位。产业亟需的高素质人才、科技人才主要依靠高校的培养。而企业是这些人才最终流向的地方，因此校企合作就非常有必要。学校通过与企业的交流可以在以后的教学培养中对以往的缺失进行补充，并且可以通过企业的平台来培养学生的实践能力。虽然以往也有相关的校企合作，但多是留于纸面，下一步的工作重点就是将这些方案落到实处，特别是加强在高技术研发方面的合作，在培养人才的同时实现相关技术的突破。

2. 加强研究生教育，加大高层次人才培养资助力度

要转变传统的研究生教育培养目标，切实注重与国际对接和与社会经济的紧密结合。研究生教育肩负着为社会发展培养高素质、高层次创造性人才的重要任

务，是增强综合国力和国际竞争力的重要后备人力资源，其地位和作用正在不断地提高和扩大。高等院校特别是研究型大学，为了在一个更高的平台上与国际交流，就必须进一步改革研究生教育，树立全球观念，在变革着的全球化环境中提升研究生教育水平。研究生教育作为整个教育结构中的最高层次，其发展指标除了规模、入学率等数量指标以及学科、学位类型等结构指标外，还有一个更为重要的方面就是知识产出。从广义上说，高等院校的三大职能即人才培养、科学研究和直接服务，都是属于知识产出，但随着经济全球化和知识全球化，当今社会知识产出对于研究生教育发展态势的显著标识具有了新的时代含义；一是具有自主知识产权的知识产出成为研究生教育发展的指标；二是高水平、高素质研究生是研究生教育发展的指标；三是知识产出率是衡量研究生教育发展程度的指标；四是能够培养出具有创新意识和创新能力，敢于探索、勇于创新的研究生成为研究生教育的重要指标。

研究生教育应帮助受教育者树立创业意识和创业能力，要通过教育部门的努力，能够培养出越来越多的不同行业的创业者，这不但可以为社会创造出更多的就业机会，也为维护社会稳定和繁荣各项事业做出重要贡献。今后的发展趋势是应进一步改革脱离社会实际的教育思想、教育目标和教育模式，通过经济体制、科技体制和教育体制的总体配套改革，尽快建立起教育与经济、科技、社会紧密结合的新机制。

工程硕士是为国家大中型企业或企业集团、高技术企业、民营科技企业和工程建设部门输送的应用型、复合型高层次技术和工程管理人才，他们将掌握解决工程问题的先进方法和现代化手段，同时具备独立承担工程技术或工程管理的能力。工程硕士是我国高校近年来开展的一种针对企业和科研单位实际需求的新型高层次工程技术人才的培养方式，也是高级工程专业技术管理人才培养的一个重要方面。高技术企业的发展需要大批高素质工程技术人才，工程硕士研究生培养恰恰满足了这种需求。

工程硕士学位是与工程领域任职资格相联系的一种专业学位，它与现行工学硕士学位处于同一层次，但类型不同，各有侧重。工程硕士学位侧重于工程应用，主要为工矿企业和工程建设部门，特别是为国有大中型企业培养应用型、复合型高层次工程技术和工程管理人才。工程硕士研究生是“进校不离岗”的在职人员，是企业培养高层次人才的主要渠道，能够留在企业并为企业所用。坚持了“进校不离岗”的培养模式，就可以把高校的学科建设和人才培养与企业技术研发中心建设紧密地结合起来，成为高校与企业合作的重要媒介，有助于将高校的知识和科研成果源源不断地转移到企业中去；有利于高校及时掌握企业在技术上的实际需求；有利于企业工程技术人员和技术管理人员培养的本地化，是高校知识创新、机制创新、管理创新与企业工程技术创新的合作纽带，是促进山西省高新技术产业发展和高新技术企业人才队伍建设的重要手段，有助于推动高新技术企业逐步成为技术创新的主体。

研究生教育一直是高等院校的重头戏，为了解决高素质人才、科技人才的短缺问题，高校应该进一步加强研究生教育。高校应致力于提升研究生素质，并且以与高技术产业相关专业相关的理工科人才为主，管理类专业为辅。针对不同学科的学生，制定科学合理的培养规划，建立人才培养制度体系。同时，对于科技型人才的培养应结合相关的科研项目，在实践中培养其科研能力，提高其科学素养。此外，应加强对具有良好表现的学生的资助和奖励，遴选具有科研创新潜能的研究生作为重点培养资助对象，进行重点培养。

3. 激发学生“企业家”的双创思维

培养能够符合社会要求，并能推动社会经济向前发展的高素质人才是高校教育的重要责任，改革开放以来，特别是加入 WTO 以后，中国的经济飞速发展，人类社会也步入了知识经济时代，社会对创新创业型人才的需求日益迫切。同时，近些年来，大学生就业情况令人担忧，就业率逐年下降。大学生自主创业是变向就业的一种方式，而我国大学生自主创业能力有待加强，大学生创业潜力巨大，需要学校积极引导。中国传统的教育模式不适合创新创业型人才的培养，我国高校培养“双创型”人才的历史比较短，经验不足。因此，对高校“双创型”人才培养进行探索十分必要。

1989 年，在北京召开了“面向 21 世纪教育国际研讨会”，大会提出了“创业教育”的概念，创业教育理念在我国开始被关注。而高等教育创业型教育理念在我国最早被提出是在 1999 年，我国的创业教育起步很晚。我国传统的教育方式以教师讲授知识为主，不利于“双创型”人才的培育。目前高校创新创业型人才培养能力与社会经济发展的客观要求之间仍然存在很大差距。2002 年 4 月，教育部高教司在北京召开了普通高校创业教育试点工作座谈会以后，中国高校才逐渐开始了创新创业教育的探索。目前学校为提高学生的创新创业教育做了许多努力。比如，积极举办大学生创业计划大赛、许多学校专门设立了创新创业教育相关课程等。

尽管这些年来，学校创新创业教育有了很大的进步，但与国外高校相比，仍然存在着很大的差距，我国高校创新创业教育仍然面临许多问题：

（1）没有真正意识到加强创新创业教育的意义。目前，许多高校忙于扩建扩招，学校自身资源有限，没有将足够的资金和精力用在学生创新创业教育上。许多老师习惯于原来的教学方式，没有意识到创新教学方式的必要性，导致高校创新创业教育水平停滞不前。此外，大学生只是忙于考试，而意识不到提高自身创新创业能力的必要性，只关心能否通过考试，能否获得一份满意的工作，学校、教师、学生对创新创业教育的忽视严重影响了高校创新创业能力培养水平。

（2）适当的“双创型”人才培养模式没有形成。近些年，创新创业教育慢慢受到重视，但人才培养现状仍未真正改变。首先，虽然社会、学校制定实施了许多利于“双创型”人才培养的政策、制度，但是这些政策、制度往往彼此孤立存在，没有形成一套利于“双创型”人才培养的合理体系。其次，虽然国家、学校为了提高学生“双创”能力举办了许多类似于“挑战杯”的创业活动，但是这些活动并没有发挥出多大作用，学生们并未了解比赛的真正意义，只是盲目地搜集资料，并未在此过程中提高自己的创新创业能力。

（3）高校创新创业教育尚未形成明确的目标导向。虽然随着知识经济的到来，创新创业教育引起了社会各界的广泛关注，但是由于没有明确的目标导向，高校创新创业教育水平提高缓慢。首先，学校并没有将创新创业教育情况纳入对教师考核的体系中去，高校教师的薪酬增减以及职位的提升没有与教师创新创业能力挂钩，所以现有的考核体系不能对教师提高创新创业教育形成激励作用。其次，在学生层面，学校对学生的考核往往是考查学生对老师教授内容的掌握程度，并没有对学生的创新创业能力进行考评，极大减弱了学生提高自身创新创业能力的积极性。

（4）现有教师队伍水平与创新创业教育要求不匹配。在中国，高校教师往往具有很高的学历，高校教师队伍更加注重学术水平的提高，但是他们却缺乏创业与公司经营的实际经验。而国外的许多高校教师往往具有丰富的实践经验，他们大多数都有过创业和投资的经历，对企业的各项工作非常熟悉，有利于高校对学生在技术等方面的培养，所以师资队伍水平制约了我国高校创业创新教育的发展。

（5）创新创业教育教材可选择性不大，没有形成权威的创新创业教育教材体系。国外创新创业教育起步较早，经验丰富，已经开发成了一些非常权威的创新创业教育教材，形成了比较成熟的教学手段和教学评估标准，但是由于我国创新创业教育起步晚，社会重视度不够，我国至今没有形成权威的创新创业教育教材体系，这一状况影响了学校创新创业教育的进一步发展。

当前，我国正在努力构建创新型国家，对人才的创新能力提出了很高的要求。当代社会，产品更新换代迅速，经济蓬勃发展，只有具备一定创新能力的人才能符合社会对人才的需求，这就要求我国高校教育应该注重学生创新能力的培养。

目前，我国大学教育已经不再是“精英教育”，每年都有大量的大学生面临工作问题。创业也是高校毕业生就业的重要形式，更是成才的重要模式。近几年来，政府为了帮助大学生自主创业出台了一系列优惠政策，学生自主创业人数有所增加，但上升空间仍然很大。有资料显示，全国大学生每年选择创业的比例为5%，创业平均成功率仅为3%，而全球大学生平均创业成功率是20%。所以，我国高校毕业生自主创业能力仍然有待提高。因此，高校应该重视对学生创新创业能力的培养，这样有利于提升学生对高技术产业方面的自主创新，提高自主创业能力，甚至毕业后创业，建设出一批有新意的、符合社会需求的高技术企业。具体提出以下几种解决方法：

（1）明确“双创型”人才的目标导向。树立明确的目标对学生将来的发展有重大的意义，明确的目标能够为学生的成长指明方向。职业生涯规划是学生制定的阶段性目标，职业生涯的成功规划将开启学生的成才之路。因此，高校要重视引导学生正确地制定职业生涯规划。促使学生明确职业生涯规划制定的内容与过程，帮助学生在职业生涯规划制定的过程中学会如何在众多的职业方向中做出合适的选择，找出适合自己的目标，并且指引学生向目标不断靠近。

高技术产业的双创型人才目标的制定主要从两个层面去思考。首先，高技术产业“双创型”人才应该具有不同专业的人才的普遍特征。应该具有良好的独立思考能力，能够在工作中形成独立的不易受外界干扰的思考模式；应该具有丰富的知识储备，这对处理日常事务作用较大；应该善于创新，并且具有很强的执行力；应该具有竞争意识，这是动力的源泉；应该具有优秀的团体意识，能够在团队中与团队成员保持良好的合作关系。其次，“双创型”人才应该具有自己所属行业的人才的专业特征。例如，高技术产业人才，应当熟练掌握专门知识和技术，具备精湛的操作技能，在工作实践中能够解决关键技术和工艺的操作性难题。拥有高超的动手能力，突出的创造能力，极强的适应能力，以此为前提，具备现有各方面的创新能力，并且能够抓住机遇从创新中获取新的知识和技能。

（2）构建合理的培养模式。完善培养模式是培养“双创型”人才的基础，因此，应该重视高技术产业人才培养模式的构建。首先，应该努力拓宽现有培养模式，要利用学校、社会、学生三方面的力量构建完善的培养模式。其次，应该充分发挥学生的能动性，培养学生独立学习、独立思考、独立选择的能力。在专业的选择、课程的选择，甚至是老师的选择上留给学生更多的空间。最后，应该加强高技术产业相关学科的培养，培养复合型人才，并抓住学科前沿，传授学生前沿知识。

（3）注重教学方法的改进。适当的教学方法是培养“双创型”人才的保障，传统的教学方法以老师讲述知识为主，这种教育方法不利于培养学生的创新能力，所以不适合“双创型”人才的培养。应该创新原有的教育方法，提高学生的参与性，引导学生自主学习，发现问题，在此基础上实现教师与学生互动教学。

首先，老师应努力将课程中高技术前沿的知识融入教学之中，使学生能够学到专业中的前沿知识，便于学生在原知识前提下进行创新；其次，老师不能一味地灌输知识，要引导学生发现问题，培养学生学习的主动性，在此基础上不断地锻炼学生独立思考的能力，通过独立的思考往往容易产生创新思维；最后，要注重模拟实践教育，将高技术的实践知识，尽可能地与学生课堂上学的理论知识结合起来，老师可以在教学过程中多运用案例来传授知识，或者在课堂中模拟现实工作的工作流程。

（4）注重实践教育。学生的实践能力与创新创业能力紧密相关，对学生实践能力的教育是提高学生创新创业能力的关键步骤之一。因此学校要加强对学生实践能力的培养。第一，要形成学生实践能力培养的教育体系。积极改进原有的实践教育方式，并且进行整合形成体系。不仅要重视课程实践，论文写作，更要帮助学生提高社会实践能力，可以到高技术产业基地进行实训。第二，积极改进创新实践教育的内容，当今社会，经济与科技发展迅猛，新变化、新情况层出不穷，因此，要积极地对现有的实践教学内容进行不断的优化，对最新的高科技技术进行了解，使教学内容紧跟时代变化。第三，对毕业论文要进行严格把关，使学生在进行毕业论文设计的过程中能够使自己的科技基地实训与创新能力得到锻炼。第四，在学校中，积极建设模拟实践基地。使学生能够在学校中感受到与社会工作中相似的工作经历，特别是与高技术产业相关的实践体验。第五，学校应该积极与校外企业建立联系，通过这种联系的建立帮助学生获得更多的校外实习经历，使学生能够走出校园，走向社会，在这一过程中将自己在学校中学的专业知识与社会实践合二为一。

（5）改变考核方式。高校传统的考核方式往往重视考核学生对所学知识的掌握情况，偏重于对知识记忆的考核，这种考核方式下培养出来的学生往往创新能力差，不能满足社会对人才的质量要求。因此，要培养高技术产业“双创型”人才，必须对原有的考核制度进行变革，使改革后的考核制度能够客观地反映学生的创新创业能力。当考核制度能够真实地反映学生的创新创业能力时，学生的创新创业行为就会得到激励，形成良性循环。

首先，要明确考核目的，考核是对学生的创新创业能力以及综合素质进行客观的评价，而不仅是考核学生对课堂知识的记忆能力；其次，要对原有的考核内容与形式进行变革，使得新的考核内容与形式能够反映学生的综合素质与创新能力，比如减少客观题增加主观题等；最后，要将“双创精神”加入到原有的考核体系当中去。

培养具有创新意识的创造性人才是高校教育的重点，21 世纪是知识经济的时代，这一时代的基本特征就是经济增长、财富创造不再主要依靠物质资源的投入和消耗，而是主要依靠知识的生产、分配和使用。也就是说，知识已经成为经济增长的最重要的因素之一。正是由于知识经济是以智力资源为基础，以高技术为支柱，所以创新就成为其基本特征。在这个时代，创造知识和应用知识的能力与效率将成为影响一个国家综合国力和国际竞争力的重要因素；一个国家不具备创新精神和创造力，从长远看，将难以生存和发展。知识经济需要全新的人才，信息社会必然催生全新的教育。目前山西省高校教育尚不具备培养大批创新人才的能力，教育创造和创新、科研及科研成果转化为现实生产力的能力还比较低，所培养出来的学生创新意识淡薄、高分低能、拘泥于书本知识和实验室的数据呆板有余、灵活不足、眼高手低，难以应对知识经济时代提出的挑战。另外，还应看到，我国延续多年的传统教育，是以继承前人的知识为中心的，它以教育内容的稳定性和单一性为基本出发点，以知识的记忆和复述为基本目标。这种把知识看成是一成不变真理的教育观，决定了现行教育把掌握知识本身作为教育的目的，形成了讲台上老师讲、讲台下学生听的固有教学模式；形成了学生以模仿、演练和背诵为特征的学习方法。在长期这样的教学过程中，教师只是对教材和教案负责，学生只是满足于获得标准答案和应付考试，丝毫没有创新能力培养可言。基于上述问题，高校应从提高整个国民素质的高度出发，把创新型人才培养与研究型人才、应用型人才的培养放在同等重要的地位。鼓励和倡导大学开展各种形式多样的创新、创业教育，工程硕士研究生在此方面完全可以走在前面。高等学校应当从学校实际出发，把企业家、工程技术人员、科研人员引入高校作为客座教授，密切企业、社会和学校的联系，使创新型人才培养成为高等学校教育人才培养体系中的一个重要组成部分。

TRIZ 是发明问题解决理论俄语单词首字母的缩写，它是由苏联发明家根里奇·阿奇舒勒（G. Altstmller）在 1946 年创立的。当时阿奇舒勒在苏联里海海军专利局工作，在处理世界各国的发明专利过程中，他总是考虑这样一个问题：当人们进行发明创造、解决技术难题时，是否有可以遵循的科学方法和法则，从而能迅速地实现新的发明创造或解决技术难题呢？答案是肯定的！阿奇舒勒发现任何领域的产品改进、技术的变革、创新和生物系统一样，都存在产生、生长、成熟、衰老、灭亡的过程，是有规律可以遵循的。人们如果掌握了这些规律，就会能动地进行产品设计并能预测产品未来的发展趋势。1946 年以后的数十年中，阿奇舒勒穷其毕生的精力致力于 TRIZ 理论的研究和完善，在他的领导下，苏联数十家研究机构、大学、企业组成了 TRIZ 研究团体，分析了世界近 250 万份高水平的发明专利，总结出各种技术发展进化遵循的规律模式，以及解决各种技术矛盾和物理矛盾的创新原理和法则，建立了一个由解决技术问题，实现创新开发的各种方法、算法组成的综合理论体系，这个理论体系就是TRIZ理论。高校应当运用一切资源和途径增加研究生、大学生参加科学研究和发明创新实践的机会，营造高校创新的氛围。进一步加强工程硕士研究生课外科学研究和发明创新活动，培养学生综合利用多学科知识解决理论与实践问题的能力。学生在老师的指导下，认真学习技术创新方法，为在毕业走出校门后能够运用科学的技术创新方法奠定坚实的基础。TRIZ理论的学习、研究与应用正在迅速地普及和发展，应当成为高校本科生、研究生尤其是工程硕士研究生的必修课或者选修课，这对于他们走出校门去从事实际工作会大有好处，会使他们终身受益。

随着国家经济社会的高速发展，对高水平人才的需求极其迫切，中国经济的发展离不开具有创新意识和创业精神的人才。高校是培养创新创业人才的重要基地，必须担负起为国家社会输送高水平人才的责任。因此，高校必须把培养“双创型”人才作为一项战略任务去完成，积极改革，在“双创型”人才培养过程中发挥出自己不可替代的作用。

4. 改进培养方案，有针对性地建设科研队伍

单纯的理论教学已经不能完全适应学生的学习要求，因此，各高校的课程设置就要在实践方面有所加强，多强调职业技能的培养，着重在实践上下功夫，而学生在实践中学习理论、理解消化理论比在课堂上的学习效果会更好。全面贯彻创业创新教育理念，坚持“以人为本、德育为先、能力为重、全面发展”的要求，面向全校学生开展创新创业人才培养观念的教育，把大学生创新创业和实践能力的培养融入人才培养的全过程，落实到教育教学各环节。通过开设创新创业各课程、设计创新创业项目等方式，将创新创业教育融入到专业人才培养方案中，明确培养计划和学分要求，培养学生创新创业思维，提高学生创新创业能力。

面向全体学生开设创新创业教育类必修课，通过创新创业类课程学习，使学生初步了解创新创业的基本知识、途径和一般规律，培养学生创新创业的意识。创新创业教育是素质教育的拓展与延伸，是面向全体学生的教育，根据学校的实际情况，可以先在全校开设创新创业类公共选修课，待课程体系基本完善，教学条件具备后，再将成熟的创新创业类课程列入各专业必修课程。根据学校开设的各个专业，在专业相关的领域、行业进行创新创业的针对性教育。各专业应根据自身条件，充分发掘本专业创新创业的教学内容，通过讲座或者课程的形式，启发学生将创新创业活动与所学专业知识结合起来，使各个专业学生能够深刻理解专业内涵，并在学科专业基础上开展高层次的创新创业实践。将系统的创新创业教育课程纳入专业课程，根据专业性质的不同，可以侧重于创新教育，也可以侧重于创业教育。如在工科类专业可以强化创新教育，培育创新成果，促进成果转

化，推动以专业创新成果为基础的创业实践；在经管类专业中鼓励学生采用创新的理念和现代化的管理方法创办企业，并为学生创办企业创造有利条件，同时鼓励开展跨学科、跨专业的创新活动。

建设一支比较完善、灵活、高效、协调、统一的科技体系和高素质的科研队伍，发展交叉学科是构建学科创新体系的关键，是现代社会经济发展的需要，也是高校自身发展的需要。科研队伍将来自不同学科、不同研究背景的成员，形成互补效应，通过在科研组内部建立的自由学术交流平台，使每一个成员产生更多的新观点和新理念，获得更大的创新驱动力。各科研组应充分利用各自的资源，在各自领域创新科研，推陈出新，填补空白，充分发挥副教授以上人才和资源优势，使人尽其才，资源共享。各学科、各组之间加强交流，相互协作，进一步加强实践与基础的结合，促进其研究，充分调动科研人员的积极性，通过在团队内部构建的自由学术交流平台，在团队内部产生知识“碰撞”，获得更大的创新动力，从而发挥团队的整体合力和团队优势。通过有意识地培育有实力的研究团队，让团队中的每一个成员在深化基础理论、强化创新性思维，提高新技术研发能力，多学科交叉的重大项目各环节的把握等方面，都得到很好的锻炼，提高队伍的整体水平，有效实现人才、资源、设备等资源共享，从而保证核心队伍的稳定、可持续发展和竞争力。

建设一支高素质、多元化、专兼职教师队伍，创业教育要与就业指导教育有机结合、与学生职业生涯规划相结合，建立专业师资队伍，成立创业教育教研室，开设教育创业类公共课程。创业教育教师队伍融入学校就业指导教育师资队伍中，统一由教务处管理，要求各个系至少有一名教师或者辅导员从事创业教育教学工作。原就业指导教育教学老师经培训后可兼职高技术产业创业教育教学，聘请多名校内外创业教育导师，由学校发放聘书，逐步形成创业教育专家库。在已有的大学生就业指导教育师资力量的基础上，开展创业教育与创新人才培养的实践与探索，通过设立研究基金，申报相关研究课题，鼓励创业教育的创新试点工作，确保创业教育与传统课堂教学有机结合、相互渗透。对学校优秀的辅导员和骨干教师进行国家级创业教育培训，邀请省内外创业教育专家进校开设创业教育师资培训班，组织优秀辅导员和骨干教师参加培训。同时，制定长期的教师培训计划，分批遴选辅导员和相关教师外出参加创业培训进修，不断提升创业教师队伍的专业素质。

附　录

附录一　各模型使用的原始数据集

附表 1　M1 模型的初始数据集

Year	Y	RES	HUM	GOV	LHTP	RDE	AIS	ESI	LYN
1995	27387	3515	0. 463	0. 109	12. 69	458. 7	0. 006	0. 108	25433
1996	23584	4178	0. 464	0. 129	14. 23	867	0. 018	0. 131	27387
1997	26551	4724	0. 458	0. 166	16. 53	923	0. 019	0. 17	23584
1998	23588	5104	0. 441	0. 153	15. 79	1080	0. 004	0. 193	26551
1999	26124	5230	0. 438	0. 086	20. 03	1162	0. 035	0. 257	23588
2000	22393	5722	0. 429	0. 058	27. 81	1726. 9	0. 002	0. 339	26124
2001	25836	6226	0. 428	0. 047	27. 08	1278	0. 035	0. 334	22393
2002	26940	7082	0. 426	0. 028	32. 60	1450	0. 138	0. 398	25836
2003	23522	8641	0. 443	0. 033	38. 32	1846	0. 05	0. 431	26940
2004	25352	10741	0. 442	0. 015	42. 70	4061. 7	0. 287	0. 454	23522
2005	27117	12647	0. 447	0. 02	49. 08	4296. 8	0. 226	0. 517	25352
2006	28079	14497	0. 463	0. 049	54. 56	4802. 1	0. 231	0. 54	27117
2007	27146	17805	0. 47	0. 063	67. 08	6780. 4	0. 087	0. 658	28079
2008	25595	21506	0. 473	0. 124	75. 26	11350. 8	0. 092	0. 738	27146
2009	26752	21522	0. 476	0. 061	81. 13	8103. 7	0. 158	0. 78	25595
2010	31551	26283	0. 472	0. 031	105. 56	10634. 3	0. 101	0. 977	26752

续表

Year	Y	RES	HUM	GOV	LHTP	RDE	AIS	ESI	LYN
2011	26111	31357	0. 484	0. 049	114. 19	21683. 8	0. 243	1. 523	31551
2012	27868	33628	0. 496	0. 053	180. 52	21903	0. 168	2. 229	26111
2013	32629	34810	0. 508	0. 052	226. 21	27897. 2	0. 283	2. 661	27868
2014	30932	34982	0. 512	0. 031	235. 12	33680. 6	0. 274	2. 799	32629
2015	31497	34843	0. 513	0. 032	285. 96	33139. 3	0. 358	3. 213	30932

附表 2　M2 模型的初始数据集

Year	Y	RES	HUM	GOV	LHTP	RDE	AIS	ESI	LYN
1995	8489	3515	0. 463	0. 636	2. 54	271. 3	0. 047	0. 847	7458
1996	4958	4178	0. 464	0. 747	1. 48	356	0. 115	0. 74	8489
1997	4366	4724	0. 458	0. 735	1. 38	588	0. 181	0. 69	4958
1998	4695	5104	0. 441	0. 66	1. 43	759	0. 161	0. 715	4366
1999	4356	5230	0. 438	0. 898	1. 58	855	0. 247	0. 79	4695
2000	7307	5722	0. 429	0. 765	4. 76	1026	0. 207	1. 587	4356
2001	6953	6226	0. 428	0. 225	5. 49	1255	0. 069	1. 83	7307
2002	7307	7082	0. 426	0. 604	6. 29	1366	0. 076	2. 097	6953
2003	4218	8641	0. 443	0. 509	2. 11	1589	0. 199	1. 055	7307
2004	3547	10741	0. 442	1. 068	2. 40	935. 6	0. 429	1. 2	4218
2005	4399	12647	0. 447	0. 741	0. 52	1788	2. 763	0. 259	3547
2006	3529	14497	0. 463	0. 574	0. 40	1543	3. 217	0. 201	4399
2007	4836	17805	0. 47	0. 459	0. 44	2036	8. 295	0. 22	3529
2008	3838	21506	0. 473	0. 281	0. 54	2735	6. 148	0. 27	4836
2009	3810	21522	0. 476	0. 164	0. 60	2983	22. 267	0. 3	3838
2010	4115	26283	0. 472	0. 142	0. 65	3211	17. 246	0. 325	3810
2011	4207	31357	0. 484	0. 07	0. 68	3845	19. 81	0. 341	4115
2012	4553	33628	0. 496	0. 019	0. 77	4976	19. 882	0. 383	4207
2013	4395	34810	0. 508	0. 074	0. 87	5218	26. 697	0. 433	4553
2014	4521	34982	0. 512	0. 09	0. 74	5366	17. 896	0. 369	4395
2015	4231	34843	0. 513	0. 096	0. 37	5911	31. 323	0. 183	4521

附表 3　M3 模型的初始数据集

Year	Y	RES	HUM	GOV	LHTP	RDE	AIS	ESI	LYN
1995	14928	3515	0. 463	0. 022	2. 54	990	0. 020	0. 067	15263
1996	24533	4178	0. 464	0. 013	2. 68	765	0. 026	0. 089	14928
1997	13655	4724	0. 458	0. 012	2. 73	723	0. 015	0. 094	24533
1998	8693	5104	0. 441	0. 036	2. 62	647	0. 011	0. 109	13655
1999	6789	5230	0. 438	0. 012	3. 00	677	0. 023	0. 143	8693
2000	5120	5722	0. 429	0. 045	4. 76	672. 1	0. 061	0. 238	6789
2001	6212	6226	0. 428	0	7. 85	721	0. 009	0. 327	5120
2002	5312	7082	0. 426	0	9. 52	730	0. 000	0. 381	6212
2003	6521	8641	0. 443	0	7. 97	416	0. 000	0. 38	5312
2004	4341	10741	0. 442	0	2. 40	334. 6	0. 000	0. 096	6521
2005	4077	12647	0. 447	0	0. 52	374	6. 994	0. 025	4341
2006	23643	14497	0. 463	0. 102	0. 40	983. 8	43. 416	0. 013	4077
2007	54475	17805	0. 47	0. 071	0. 44	1274. 7	64. 068	0. 017	23643
2008	59445	21506	0. 473	0. 087	0. 54	2341. 1	16. 463	0. 019	54475
2009	58339	21522	0. 476	0. 196	99. 24	3416. 6	0. 009	3. 676	59445
2010	81109	26283	0. 472	0	122. 22	1332. 5	0. 037	4. 074	58339
2011	88069	31357	0. 484	0. 025	177. 79	1910. 7	0. 057	6. 35	81109
2012	106567	33628	0. 496	0. 147	183. 60	2297	0. 182	5. 246	88069
2013	99193	34810	0. 508	0. 08	173. 23	10224. 6	0. 205	5. 413	106567
2014	101883	34982	0. 512	0. 063	186. 23	10685. 2	0. 182	6. 208	99193
2015	96445	34843	0. 513	0. 031	196. 55	5898. 4	0. 140	6. 778	101883

附表 4　M4 模型的初始数据集

Year	Y	RES	HUM	GOV	LHTP	RDE	AIS	ESI	LYN
1995	7717	3515	0. 463	0. 525	0. 69	489. 1	0. 174	0. 173	7845
1996	6920	4178	0. 464	0. 095	0. 98	211	0. 102	0. 327	7717
1997	6853	4724	0. 458	0. 043	1. 03	233	0. 087	0. 343	6920
1998	6729	5104	0. 441	0. 605	1. 30	349	0. 077	0. 433	6853
1999	5933	5230	0. 438	1. 126	0. 23	533	0. 348	0. 115	6729
2000	5368	5722	0. 429	0. 21	0. 32	689	0. 438	0. 16	5933
2001	5922	6226	0. 428	0	0. 39	795	0. 513	0. 195	5368

续表

Year	Y	RES	HUM	GOV	LHTP	RDE	AIS	ESI	LYN
2002	4931	7082	0.426	0	1.80	1251	0.011	0.9	5922
2003	5429	8641	0.443	0	1.63	1000	0.16	0.543	4931
2004	4856	10741	0.442	0.066	2.00	839.4	0.225	0.5	5429
2005	6073	12647	0.447	0.051	7.00	1580.6	0.119	1.751	4856
2006	5997	14497	0.463	0.013	10.89	1585.4	0.422	2.178	6073
2007	3708	17805	0.47	0.134	2.98	410.5	1.705	0.993	5997
2008	3364	21506	0.473	0.153	1.76	524.4	0.341	0.88	3708
2009	3134	21522	0.476	0	1.70	502.5	2.894	1.7	3364
2010	2092	26283	0.472	0.06	2.47	654.6	0.359	2.474	3134
2011	2059	31357	0.484	0.039	2.94	822	0	2.936	2092
2012	2050	33628	0.496	0.128	3.12	1567	0.227	3.12	2059
2013	2026	34810	0.508	0.054	3.98	596	0.161	3.98	2050
2014	1964	34982	0.512	0.021	3.63	933	0.22	3.63	2026
2015	1994	34843	0.513	0.178	4.01	3784.7	0.19	2.005	1964

附表 5　M5 模型的初始数据集

Year	Y	RES	HUM	GOV	LHTP	RDE	AIS	ESI	LYN
1995	9964	3515	0.463	0.424	1.350	210	0.022	0.025	9423
1996	6853	4178	0.464	0.208	1.530	183	0.034	0.067	9964
1997	6975	4724	0.458	0.262	1.420	164	0.049	0.055	6853
1998	6821	5104	0.441	0.035	1.310	172	0.084	0.073	6975
1999	5324	5230	0.438	0.018	16.400	836	0.012	0.911	6821
2000	6407	5722	0.429	1.481	1.810	405	0.05	0.086	5324
2001	3699	6226	0.428	0.197	2.010	299	0.08	0.091	6407
2002	4522	7082	0.426	0.306	2.190	173	0.105	0.11	3699
2003	4936	8641	0.443	0.017	4.150	744	0.207	0.189	4522
2004	2873	10741	0.442	0.203	5.300	590	0.113	0.241	4936
2005	5896	12647	0.447	0.265	10.131	2526.2	0.124	0.422	2873
2006	5464	14497	0.463	0.366	11.550	4097.5	0.508	0.462	5896
2007	6074	17805	0.47	0.192	14.230	2971.7	0.139	0.749	5464
2008	2132	21506	0.473	0.486	10.680	4227.3	0.062	0.712	6074

续表

Year	Y	RES	HUM	GOV	LHTP	RDE	AIS	ESI	LYN
2009	4689	21522	0.476	0.17	13.800	6859.4	0.079	0.657	2132
2010	5378	26283	0.472	0	18.292	1260.6	0.051	1.076	4689
2011	4768	31357	0.484	0.108	22.458	3746.8	0.083	1.728	5378
2012	6695	33628	0.496	0.014	26.330	21300	0.136	1.549	4768
2013	3818	34810	0.508	0.064	29.410	20218	0.195	1.634	6695
2014	3091	34982	0.512	0.061	22.530	3315	0.909	1.252	3818
2015	2765	34843	0.513	0.062	27.630	3866	0.218	1.842	3091

附录二　各预测模型核心部分的 MATLAB 代码

```
clear
clc
%%%M1，医药制造业
%灰色处理数据集 D
D；data1_ 1 =[9，2，5，7]；
b1 =[1，2，4，5，8，6，9，11，12，13，10，15，16，17，18，20，21]；
b2 =[19，3，7，14]；b3 =[22，23，24，25，26，27，28]；
%第一行为目标变量，其余为特征变量
n =1；
for i = data1_ 1
a = data（:，i)′；[output1，output2，output3] = gm1_ 1_ 1 (a)；
output_ 1 {n，1} = output1；output_ 1 {n，2} = output2；output_ 1 {n，3} = output3；
n = n +1；
end
Data = []；n =1；
for i =1：4
ii = i +1；Data（ii,:) = output_ 1 {i，3}；n = n +1；
end
```

```
A = zeros (1, 28); A (1: 21) = data (:, 1)'; Data (1,:) = A;
%归一化
[Y_ I, PS1] = mapminmax (A (:, 1: 21)); [X_ I, PS2] = mapminmax (Data (2: 5, 1: 21));
Data_ 1 = [Y_ I; X_ I]; Data_ 1 = Data_ 1';
%重组数据
%关键特征变量数据集
%构建训练集 D1
D1 = [ ]; n = 1;
for i = b1
   D1 (n,:) = Data_ 1 (i,:); n = n + 1;
end
clear i n
D1 = D1';
%构建检验集 D2
D2 = [ ]; n = 1;
for i = b2
    D2 (n,:) = Data_ 1 (i,:); n = n + 1;
end
clear i n
D2 = D2';
%构建预测集 D3
D3 = Data (2: 5, 22: 28);

B = {};
for f = 1: 16
c1 = randi (17, 1, 17 * 500); E1 = [ ]; n = 1;
for i = c1
E1 (:, n) = D1 (:, i); n = n + 1;
end
clear i n
%神经网络训练
net = newff (minmax (E1 (2: 5,:)), [12, 1], {'tansig','purelin'},'trainlm');
```

```
net. performFcn = 'msereg';
net. trainParam. goal =0. 01;
net. trainParam. show =50;
net. trainParam. epochs =3000;
net. trainParam. lr =0. 1;
net =train (net, E1 (2: 5,:), E1 (1,:));
B {f} =net;
end
clear f
Z1 = [ ]; Z2 = [ ]; Z3 = [ ];
for f =1: 16
%对训练集
Y1 =sim (B {f}, D1 (2: 5,:));
Y_ 1 =mapminmax ('reverse', Y1, PS1); Z1 (f,:) =Y_ 1;
%对检验集
Y2 =sim (B {f}, D2 (2: 5,:));
Y_ 2 =mapminmax ('reverse', Y2, PS1); Z2 (f,:) =Y_ 2;
%对预测集
D_ 3 =mapminmax ('apply', D3, PS2); Y3 =sim (B {f}, D_ 3);
Y_ 3 =mapminmax ('reverse', Y3, PS1); Z3 (f,:) =Y_ 3;
end
V1 =mean (Z1);
V2 =mean (Z2);
V3 =mean (Z3);

clear
clc
%模型 M2 航空航天制造业
%灰色处理数据集 D
data1_ 1 = [5, 8, 9, 4];
b1 = [1, 2, 4, 5, 6, 8, 9, 10, 12, 13, 14, 15, 16, 18, 19, 20,
21];
b2 = [17, 7, 11, 3]; b3 = [22, 23, 24, 25, 26, 27, 28];
%第一行为目标变量，其余为特征变量
```

```
n=1;
for i=data1_1
a=data(:,i)'; [output1, output2, output3] =gm1_1_1(a);
output_1{n,1} =output1; output_1{n,2} =output2; output_1{n,
3} =output3;
n=n+1;
end
Data=[]; n=1;
for i=1:4
ii=i+1; Data(ii,:) =output_1{i,3}; n=n+1;
end
A=zeros(1,28); A(1:21) =data(:,1)'; Data(1,:) =A;
%归一化
[Y_I, PS1] =mapminmax(A(:,1:21)); [X_I, PS2] =mapminmax
(Data(2:5,1:21));
Data_1=[Y_I; X_I]; Data_1=Data_1';
%重组数据
%关键特征变量数据集
%构建训练集 D1
D1=[]; n=1;
for i=b1
    D1(n,:) =Data_1(i,:); n=n+1;
end
clear i n
D1=D1';
%构建检验集 D2
D2=[]; n=1;
for i=b2
    D2(n,:) =Data_1(i,:); n=n+1;
end
clear i n
D2=D2';
%构建预测集 D3
D3=Data(2:5,22:28);
```

```
B = {};
for f=1: 16
c1 =randi (17, 1, 17*500); E1 = []; n=1;
for i=c1
E1 (:, n) =D1 (:, i); n=n+1;
end
clear i n
%神经网络训练
net=newff (minmax (E1 (2: 5,:)), [12, 1], {'tansig','purelin'},'train-
lm');
net.performFcn = 'msereg';
net.trainParam.goal=0.01;
net.trainParam.show=50;
net.trainParam.epochs=3000;
net.trainParam.lr=0.1;
net=train (net, E1 (2: 5,:), E1 (1,:));
B {f} =net;
end
clear f
Z1 = []; Z2 = []; Z3 = [];
for f=1: 16
%对训练集
Y1=sim (B {f}, D1 (2: 5,:));
Y_1=mapminmax ('reverse', Y1, PS1); Z1 (f,:) =Y_1;
%对检验集
Y2=sim (B {f}, D2 (2: 5,:));
Y_2=mapminmax ('reverse', Y2, PS1); Z2 (f,:) =Y_2;
%对预测集
D_3=mapminmax ('apply', D3, PS2); Y3=sim (B {f}, D_3);
Y_3=mapminmax ('reverse', Y3, PS1); Z3 (f,:) =Y_3;
end
V1=mean (Z1);
V2=mean (Z2);
V3=mean (Z3);
```

```
%模型 M3 通信设备制造业
%灰色处理数据集 D
data1_ 1 = [3, 7, 5, 8, 6, 2];
b1 = [1, 2, 3, 4, 5, 7, 8, 9, 10, 11, 12, 14, 15, 16, 17, 18, 20];
b2 = [13, 6, 21, 19]; b3 = [22, 23, 24, 25, 26, 27, 28];
%第一行为目标变量，其余为特征变量
n =1;
for i = data1_ 1
a = data (:, i)'; [output1, output2, output3] =gm1_ 1_ 1 (a);
output_ 1{n, 1} =output1; output_ 1{n, 2} =output2; output_ 1{n, 3} =
output3;
n =n +1;
end
Data = [ ]; n =1;
for i =1: 6
    ii =i +1; Data (ii,:) =output_ 1 {i, 3}; n =n +1;
end
A =zeros (1, 28); A (1: 21) =data (:, 1)'; Data (1,:) =A;
%归一化
[Y_ I, PS1] =mapminmax (A (:, 1: 21)); [X_ I, PS2] =mapminmax
(Data (2: 7, 1: 21));
Data_ 1 = [Y_ I; X_ I]; Data_ 1 =Data_ 1';
%重组数据
%关键特征变量数据集
%构建训练集 D1
D1 = [ ]; n =1;
for i =b1
    D1 (n,:) =Data_ 1 (i,:); n =n +1;
end
clear i n
D1 =D1';
%构建检验集 D2
D2 = [ ]; n =1;
for i =b2
```

```
    D2 (n,:) =Data_1 (i,:); n=n+1;
  end
  clear i n
  D2 =D2';
  %构建预测集 D3
  D3 =Data (2: 5, 22: 28);

  B = {};
  for f =1: 20
  c1 =randi (17, 1, 17*500); E1 = []; n=1;
  for i =c1
  E1 (:, n) =D1 (:, i); n =n+1;
  end
  clear i n
  %神经网络训练
  net =newff (minmax (E1 (2: 5,:)), [12, 1], {'tansig','purelin'},'train-
lm');
  net.performFcn ='msereg';
  net.trainParam.goal =0.01;
  net.trainParam.show =50;
  net.trainParam.epochs =3000;
  net.trainParam.lr =0.1;
  net =train (net, E1 (2: 5,:), E1 (1,:));
  B {f} =net;
  end
  clear f
  Z1 = []; Z2 = []; Z3 = [];
  for f =1: 20
  %对训练集
  Y1 =sim (B {f}, D1 (2: 5,:));
  Y_1 =mapminmax ('reverse', Y1, PS1); Z1 (f,:) =Y_1;
  %对检验集
  Y2 =sim (B {f}, D2 (2: 5,:));
  Y_2 =mapminmax ('reverse', Y2, PS1); Z2 (f,:) =Y_2;
```

```
% 对预测集
D_ 3 = mapminmax ('apply', D3, PS2); Y3 = sim (B {f}, D_ 3);
Y_ 3 = mapminmax ('reverse', Y3, PS1); Z3 (f,:) = Y_ 3;
end
V1 = mean (Z1);
V2 = mean (Z2);
V3 = mean (Z3);
clear
clc
% 模型 M4 电子计算机制造业
% 灰色处理数据集
data1_ 1 = [5, 7, 4, 9]; b1 = [1, 3, 4, 6, 7, 8, 9, 11, 12, 13,
14, 15, 17, 18, 19, 20, 21];
b2 = [16, 10, 2, 5]; b3 = [22, 23, 24, 25, 26, 27, 28];
% 第一行为目标变量，其余为特征变量
n = 1;
for i = data1_ 1
a = data (:, i)'; [output1, output2, output3] = gm1_ 1_ 1 (a);
output_ 1 {n, 1} = output1; output_ 1 {n, 2} = output2; output_ 1 {n,
3} = output3;
n = n + 1;
end
Data = []; n = 1;
for i = 1: 4
    ii = i + 1; Data (ii,:) = output_ 1 {i, 3}; n = n + 1;
end
A = zeros (1, 28); A (1: 21) = data (:, 1)'; Data (1,:) = A;
% 归一化
[Y_ I, PS1] = mapminmax (A (:, 1: 21)); [X_ I, PS2] = mapminmax
(Data (2: 5, 1: 21));
Data_ 1 = [Y_ I; X_ I]; Data_ 1 = Data_ 1';
% 重组数据
% 关键特征变量数据集
% 构建训练集 D1
```

```
D1 = [ ]; n=1;
for i=b1
    D1 (n,:) =Data_ 1 (i,:); n=n+1;
end
clear i n
D1=D1';
%构建检验集 D2
D2 = [ ]; n=1;
for i=b2
    D2 (n,:) =Data_ 1 (i,:); n=n+1;
end
clear i n
D2=D2';
%构建预测集 D3
D3=Data (2: 5, 22: 28);

B = {};
for f=1: 26
c1=randi (17, 1, 17*500); E1 = [ ]; n=1;
for i=c1
E1 (:, n) =D1 (:, i); n=n+1;
end
clear i n
%神经网络训练
net=newff (minmax (E1 (2: 5,:)), [12, 1], {'tansig','purelin'},'train-
lm');
net.performFcn = 'msereg';
net.trainParam.goal=0.01;
net.trainParam.show=50;
net.trainParam.epochs=3000;
net.trainParam.lr=0.1;
net=train (net, E1 (2: 5,:), E1 (1,:));
B {f} =net;
end
```

```
clear f
Z1 = [ ]; Z2 = [ ]; Z3 = [ ];
for f = 1: 26
%对训练集
Y1 = sim (B {f}, D1 (2: 5,:));
Y_ 1 = mapminmax ('reverse', Y1, PS1); Z1 (f,:) = Y_ 1;
%对检验集
Y2 = sim (B {f}, D2 (2: 5,:));
Y_ 2 = mapminmax ('reverse', Y2, PS1); Z2 (f,:) = Y_ 2;
%对预测集
D_ 3 = mapminmax ('apply', D3, PS2); Y3 = sim (B {f}, D_ 3);
Y_ 3 = mapminmax ('reverse', Y3, PS1); Z3 (f,:) = Y_ 3;
end
V1 = mean (Z1);
V2 = mean (Z2);
V3 = mean (Z3);
%模型 M5 医疗设备制造业
%≫ÒÉ≪' ¦ÀíÊ ý³/₄Ý¹/₄¯D
data1_ 1 = [9, 6, 4];
b1 = [1, 2, 3, 5, 6, 7, 8, 9, 11, 12, 13, 14, 15, 17, 18, 19, 21];
b2 = [20, 4, 16, 10];
b3 = [22, 23, 24, 25, 26, 27, 28];
%第一行为目标变量，其余为特征变量
n = 1;
for i = data1_ 1
a = data (:, i)'; [output1, output2, output3] = gm1_ 1_ 1 (a);
output_ 1 {n, 1} = output1; output_ 1 {n, 2} = output2; output_ 1 {n,
3} = output3;
n = n + 1;
end
Data = [ ]; n = 1;
for i = 1: 3
  ii = i + 1; Data (ii,:) = output_ 1 {i, 3}; n = n + 1;
end
```

```
A = zeros (1, 28); A (1: 21) = data (:, 1)'; Data (1,:) = A;
%归一化
[Y_ I, PS1] = mapminmax (A (:, 1: 21)); [X_ I, PS2] = mapminmax
(Data (2: 4, 1: 21));
Data_ 1 = [Y_ I; X_ I]; Data_ 1 = Data_ 1';
%重组数据
%关键特征变量数据集
%构建训练集 D1
D1 = [ ]; n = 1;
for i = b1
    D1 (n,:) = Data_ 1 (i,:); n = n + 1;
end
clear i n
D1 = D1';
%构建检验集 D2
D2 = [ ]; n = 1;
for i = b2
    D2 (n,:) = Data_ 1 (i,:); n = n + 1;
end
clear i n
D2 = D2';
%构建预测集 D3
D3 = Data (2: 5, 22: 28);

B = {};
for f = 1: 13
c1 = randi (17, 1, 17 * 500); E1 = [ ]; n = 1;
for i = c1
E1 (:, n) = D1 (:, i); n = n + 1;
end
clear i n
%神经网络训练
net = newff (minmax (E1 (2: 5,:)), [12, 1], {'tansig','purelin'},'train-
lm');
```

```
net. performFcn = 'msereg';
net. trainParam. goal =0. 01;
net. trainParam. show =50;
net. trainParam. epochs =3000;
net. trainParam. lr =0. 1;
net = train (net, E1 (2: 5,:), E1 (1,:));
B {f} = net;
end
clear f
Z1 = [ ]; Z2 = [ ]; Z3 = [ ];
for f =1: 13
%对训练集
Y1 = sim (B {f}, D1 (2: 5,:));
Y_ 1 = mapminmax ('reverse', Y1, PS1); Z1 (f,:) =Y_ 1;
%对检验集
Y2 = sim (B {f}, D2 (2: 5,:));
Y_ 2 = mapminmax ('reverse', Y2, PS1); Z2 (f,:) =Y_ 2;
%对预测集
D_ 3 = mapminmax ('apply', D3, PS2); Y3 = sim (B {f}, D_ 3);
Y_ 3 = mapminmax ('reverse', Y3, PS1); Z3 (f,:) =Y_ 3;
end
V1 = mean (Z1);
V2 = mean (Z2);
V3 = mean (Z3);
```

参考文献

国外参考文献：

［1］Andreas S Weigend，Bernardo A Huberman，David E Rumelhart. Predicting the Future：A Connectionist Approach［J］. International Journal of Neural Systems，1990，1（3）：193－209.

［2］Breiman L. Random Forests［J］. Machine Learning，2001，45（1）：5－32.

［3］Brownlees C T，Engle R F，Kelly B T. A Practical Guide to Volatility Forecasting through Calm and Storm［J］. Social Science Electronic Publishing，2009，14（2）：3－22.

［4］Bühlmann P. Bagging，Boosting and Ensemble Methods［M］. Handbook of Computational Statistics. Springer Berlin Heidelberg，2012：985－1022.

［5］Bui T，Lee J. An Agent－based Framework for Building Decision Support Systems［M］. Elsevier Science Publishers B. V.，1999.

［6］Breiman，Leo. Bagging Predictors［J］. Machine Learning，1996，24（2）：123－140.

［7］Cherkauer K J. Human Expert－Level Performance on a Scientific Image AnalysisTask by a System Using Combined Artificial Neural Networks［Z］. Working Notes of the Aaai Workshop on Integrating Multiple Learned Models，1999：15－21.

［8］Cho S B，Shimohara K. Evolutionary Learning of Modular Neural Networks with Genetic Programming［J］. Applied Intelligence，1998，9（3）：191－200.

［9］David W Opitz，Jude W Shavlik. Actively Searching for an Effective Neural Network Ensemble［J］. Connection Science，1996，8（3/4）：337－354.

［10］De La Croix，David and Matthias Doepke. Inequality and Growth：Why Differential Fertility Matters，American Eco－nomic Review，2004，93（4）：1091－1113.

[11] Dempster M A H, Ireland A M. Object – oriented Model Integration in a Financial Decision Support System [M]. Elsevier Science Publishers B. V., 1991.

[12] Dubiel A, Ernst H. Industrial R&D Centers in Emerging Markets: Motivations, Barriers, and Success Factors [M] //The Offshoring Challenge. Springer London, 2013: 191 – 209.

[13] Freund Y. Boosting a Weak Learning Algorithm by Majority [J]. Information & Computation, 1995, 121 (2): 256 – 285.

[14] Galor O, Tsiddon D. The Distribution of Human Capital and Economic Growth [J] Journal of Economic Growth, 1997 (2): 93 – 102.

[15] Grove A J, Schuurmans D. Boosting in the Limit: Maximizing the Margin of Learned Ensembles [C]. Fifteenth National/tenth Conference on Artificial Intelligence/innovative Applications of Artificial Intelligence. American Association for Artificial Intelligence, 1998: 692 – 699.

[16] Hampshire J B, Waibel A H. A Novel Objective Function for Improved Phoneme Recognition Using Time – delay Neural Networks [J]. IEEE Transactions on Neural Networks, 1990, 1 (2): 216 – 228.

[17] Hansen L K, Salamon P. Neural Network Ensembles [J]. IEEE Transactions on Pattern Analysis & Machine Intelligence, 2002, 12 (10): 993 – 1001.

[18] Jimenez D. Dynamically Weighted Ensemble Neural Networks for Classification [C]. IEEE World Congress on IEEE International Joint Conference on Neural Networks, 1998.

[19] Jongh D, Albert. Neural Network Ensembles [J]. Pattern Analysis & Machine Intelligence IEEE Transactions on, 2004, 12 (10): 993 – 1001.

[20] Kamal M Al, Subhi Al, Harbi. Optimization of Staff Numbers in the Process Industries: An Application of DEA [J]. International Journal of Manpower, 2000, 21 (1): 47 – 60.

[21] Kearns M J, Valiant L G. Cryptographic Limitations on Learning Boolean Formulae and Finite Automata [J]. Journal of the Acm, 1994, 41 (1): 433 – 444.

[22] Krogh A, Vedelsby J. Neural Network Ensembles, Cross Validation, and Active Learning [J]. Advances in Neural Information Processing Systems, 1995, 7 (10): 231 – 238.

[23] Lapedes A S, Farber R F. Nonlinear Signal Processing Using Neural Networks: Prediction and System Modeling [C]. 1. IEEE International Conference on Neural Networks, San Diego, 1987.

[24] Lavieri M S, Puterman M L. Optimizing Nursing Human Resource Planning in British Columbia [J]. Health Care Manag Sci, 2009, 12 (2): 119 – 128.

[25] Li, YH, Zhang, BZ. The Research on Analysis and Testing Methods and Elimination of Data's Systematic Errors [A]. 7th International Symposium on Test and Measurement, Vols 1 – 7, Conference Proceedings5760 – 5763 2007 [C]. 7th International Symposium on Test Measurement, 2007: 5 – 8.

[26] Maclin R, Shavlik J W. Combining the Predictions of Multiple Classifiers: Using Competitive Learning to Initialize Neural Networks [C]. Fourteenth International Joint Conference on Artificial Intelligence, 1999: 524 – 530.

[27] Merz C J, Pazzani M J. Combining Neural Network Regression Estimates with Regularized Linear Weights [C]. Petsche (Eds.), Advances in Neural Information Processing Systems 9, 1997: 564 – 570.

[28] Miller G F, Todd P M, Hegde S U. Designing Neural Networks Using Genetic Algorithms [C]. Proceedings of the Third International Conference on Genetic Algorithms. Morgan Kaufmann Publishers Inc. , 1989: 379 – 384.

[29] Rojas E M, Aramvareekul P. Is Construction Labor Productivity Really Declining? [J]. Journal of Construction Engineering & Management, 2003, 129 (1): 41 – 46.

[30] Sammut C, Webb G I. Stacked Generalization [J]. Neural Networks, 2011, 5 (2): 241 – 259.

[31] Schapire R E. The Strength of Weak Learnability (Extended Abstract) [J]. Machine Learning, 1989, 5 (2): 28 – 33.

[32] Schapire R E. The Strength of Weak Learnability [C]. Foundations of Computer Science, 1989. Symposium on IEEE, 2002: 197 – 227.

[33] Schapire R E. The Strength of Weak Learnability [J]. Machine Learning, 1990, 5 (2): 197 – 227.

[34] Schultz. Theodore W. Education and Economic Growth, in Social Forces Influencing American Education [M]. NB Henry Chicago: University of Chicago Press, 1961.

[35] Simon Kuznets . Economic Growth of Nations: Total Output and Production Structure [M]. Boston: Harvard University Press, 1971.

[36] SimonHaykin. 神经网络原理 [M]. 北京：机械工业出版社，2004.

[37] Smalz R, Conrad M. Combining Evolution with Credit Apportionment: A New Learning Algorithm for Neural Nets [J]. Bio Systems, 1994, 7 (2): 341 – 351.

[38] Tai D, Wang R. A Framework for Human Resources Development in Taiwan's High Tech Industry [J]. World Transactions on Engineering & Technology Education, 2006, 5 (1): 221-224.

[39] Taieb S B, Hyndman R J. A Gradient Boosting Approach to the Kaggle Load Forecasting Competition [J]. International Journal of Forecasting, 2014, 30 (2): 382-394.

[40] Tang W, Zhou Z H. Bagging-Based Selective Clusterer Ensemble [J]. Journal of Software, 2005, 16 (4).

[41] Touretzky E D S, Sollich P, Krogh A. Learning with Ensembles: How Over-fitting can be Useful [J]. Advances in Neural Information Processing Systems, 1995 (8): 190-196.

[42] Ueda N. Optimal Linear Combination of Neural Networks for Improving Classification Performance [J]. IEEE Transactions on Pattern Analysis & Machine Intelligence, 2000, 22 (2): 207-215.

[43] Whitehead B A, Choate T D. Cooperative-competitive Genetic Evolution of Radial Basis Function Centers and Widths for Time Series Prediction [J]. IEEE Trans Neural Netw, 1996, 7 (4): 869-880.

[44] Yanhua Li, Hong Chen. Research on the Relationships between Knowledge Potential Difference and Knowledge Transfer Based on the Knowledge Network of Enterprise, University and Research Institute [P]. Computational Aspects of Social Networks (CASoN), 2010 International Conference on, 2010.

[45] Yao X, Liu Y. Making use of Population Information in Evolutionary Artificial Neural Networks [J]. IEEE Transactions on Systems Man & Cybernetics Part B Cybernetics A Publication of the IEEE Systems Man & Cybernetics Society, 1998, 28 (3): 417-425.

[46] Zhao Q F, Hammami O, Kuroda K, et al. Cooperative Co-evolutionary Algorithm-How to Evaluate a Module? [C]. Combinations of Evolutionary Computation and Neural Networks, 2000 IEEE Symposium on IEEE, 2000: 150-157.

[47] Zhou Z H, Wu J, Tang W. Ensembling Neural Networks: Many Could Be Better Than All [C]. Artificial Intelligence, 2002.

国内参考文献：

[1] 白雪梅，丁韦．“十一五”期间辽宁省城镇劳动力供求趋势分析［J］．统计与信息论坛，2007，22（3）：15-19.

［2］毕华，梁洪力，王珏．重采样方法与机器学习［J］．计算机学报，2009，32（5）：862－877.

［3］陈广英．基于高新技术产业视角的山东科技人才需求预测研究［D］．中国海洋大学，2012.

［4］陈蔚．基于线性 ARIMA 与非线性 BP 神经网络组合模型的进出口贸易预测［J］．统计与决策，2015（22）：47－49.

［5］程萍，胡燕，赵玉林．“十三五”湖北省战略性新兴产业创新人才需求预测分析［J］．武汉理工大学学报（社会科学版），2018，31（2）：95－100.

［6］崔静．山西省高新技术企业人才流入障碍研究［D］．太原理工大学，2011.

［7］邓聚龙．灰色控制系统［M］．武汉：华中工学院出版社，1993.

［8］董晓玲，冯祥．山西省 2016 年国民经济和社会发展综述［J］．前进，2017（3）：4－6.

［9］段永蕙，景建邦，张乃明．山西省人口、资源环境与经济协调发展分析［J］．生态经济，2017，33（4）：64－68，79.

［10］付忠良，赵向辉，苗青，等．AdaBoost 算法的推广——一组集成学习算法［J］．四川大学学报（工程科学版），2010，42（6）：91－98.

［11］高新技术产业的发展对高技术人才的需求［J］．职业技术，2005（4）：58－59.

［12］高振豪，苏贵影，李彦华，余燕尾．工作要素在装配线中分配与其平衡率的研究［J］．四川理工学院学报（自然科学版），2017，30（6）：88－92.

［13］韩力群．人工神经网络理论、设计及应用［M］．北京：化学工业出版社，2007.

［14］韩先淮，盛宇华．基于模糊神经网络综合评价企业人力资源风险［J］．人民论坛，2013（26）：92－93.

［15］胡峰，陆丽娜，黄斌，周文魁．江苏省高技术产业人才需求预测研究——基于改进的新陈代谢 GM（1，1）模型［J］．科技管理研究，2018，38（16）：57－62.

［16］华瑶，俞明传，乔志强．非线性混沌动力学在电力企业人力资源需求预测应用研究［J］．生产力研究，2009（18）：164－165.

［17］霍影，籍丹宁，于丹．区域人才培养投入与产业经济产出协调适配性研究——耦合系统视角下对高技术产业的实证分析［J］．西部论坛，2014，24（1）：95－102.

［18］加里·贝克尔．人力资本——特别是关于教育的理论与经济分析

[M]．北京：北京大学出版社，1987：1－3.

[19] 蒋茜，孙兵．我国劳动力市场的供求趋势预测 [J]．经济纵横，2011 (5)：43－46

[20] 蒋蓉华，曹琦．基于灰色 BP 神经网络的企业人力资源需求预测[J]．中国人力资源开发，2011 (11)：42－46.

[21] 蓝洁，王志玲，周文鹏，等．高新技术产业发展与人才需求之间的关系研究 [C]．"决策论坛——管理科学与经营决策学术研讨会"论文集(下)，2016.

[22] 黎立博，邬文兵，张明玉．基于 Markov 过程的人员规模与结构预测模型及实证研究 [J]．中国软科学，2016 (6)：143－153.

[23] 李彬，张纪．中国高新技术产业发展与人才需求关系研究 [J]．商场现代化，2009 (10)：257－259.

[24] 李德煌，彭笑一．战略性新兴产业区域人才发展对策研究 [J]．中国统计，2014 (2)：48－50.

[25] 李建峰，郭翔宇．高技术产业人力资源问题研究　以黑龙江省为例 [M]．北京：中国农业出版社，2009.

[26] 李建民．人力资本通论 [M]．上海：三联书店上海分店，1999.

[27] 李瑞，张悟移．基于 RBF 神经网络的物流业能源需求预测 [J]．资源科学，2016，38 (3)：450－460.

[28] 李声吼．人力资源发展 [M]．北京：中国税务出版社，2005.

[29] 李世俭．山西省地理位置与山西经济发展关系的简析 [J]．山西师范大学学报（自然科学版），1993 (3)：55－59.

[30] 李彦华，郭丕斌．基于知识管理的企业核心竞争力研究 [J]．中北大学学报（社会科学版），2005 (2)：39－42.

[31] 李彦华，牛蕾，张月婷．领导者引领企业消极员工"转型"策略研究：基于演化博弈视角 [J]．领导研究，2019 (10)：68－71.

[32] 李彦华，杨星宇，程春．山西省产业结构与经济增长相关性的实证研究 [J]．中北大学学报（社会科学版），2017，33 (6)：1－7，117.

[33] 李彦华，杨星宇，刘东霞．基于 GBP－Bagging 网络模型的产业人力资源需求预测——以山西省战略性新兴产业为例 [J]．科技管理研究，2018，38 (7)：178－185.

[34] 李彦华，杨星宇，牛蕾，张月婷．基于犹豫模糊互补偏好的 PPP 融资模式选择群决策研究 [J]．中北大学学报（自然科学版），2018，39 (2)：142－149.

[35] 李彦华，张月婷，牛蕾．一流大学建设高校科研差异与趋势研究

[J]．科技管理研究，2019，39（8）．

［36］李彦华，张月婷．智慧交通背景下的路面异常“智能巡逻”研究——基于众包与 DTW 视角［J］．科技进步与对策，2018，35（24）：93－97.

［37］李彦华．基于产学研知识网络的企业知识获取与技术创新研究［J］．山西高等学校社会科学学报，2009，21（7）：69－72.

［38］李彦华．蓝领品牌营销［J］．企业管理，2009（5）：83－84.

［39］李彦华．基于知识管理的企业核心竞争力研究［D］．中北大学，2005.

［40］李燕，陈龙梅，何耀宇，赵国叶．山西省产业结构与经济增长的灰色关联度分析——基于面板数据［J］．太原理工大学学报（社会科学版），2016，34（5）：39－44.

［41］梁红岩，董威励．生态环境视角下资源型地区产业转型效率评价——以山西省为例［J］．湖北师范大学学报（哲学社会科学版），2017，37（4）：59－64.

［42］梁嘉慧．东莞高新技术产业发展中的问题与对策研究［J］．产业与科技论坛，2017，16（8）：23－24.

［43］刘丹华．GM（1，1）模型的优化及应用研究［D］．南京航空航天大学，2010.

［44］刘洁．广东省战略性新兴产业高技能人才培养对策研究［J］．科技管理研究，2013，33（24）：129－132.

［45］刘琪．山西省高新技术产业创新效率分析［J］．中北大学学报（社会科学版），2019，35（1）：86－90.

［46］刘向荣，孙红英．基于改进的 BP 神经网络中国 CPI 运行预测研究［J］．数学的实践与认识，2013，43（6）：1－8.

［47］卢懿．灰色预测模型的研究及其应用［D］．浙江理工大学，2014.

［48］荣金芳．京津冀经济圈与山西区域经济协同发展研究［J］．企业科技与发展，2018（11）：34－35.

［49］舒尔茨．论人力资本投资［M］．北京：北京经济学院出版社，1990.

［50］苏贵影，陈晓倩，李彦华．基于 VFT 的消费者移动购物持续信任影响因素实证研究［J］．企业经济，2016，35（11）：88－93.

［51］苏贵影，高振豪，李彦华，余燕尾．基于第三方回收差别定价下的闭环供应链研究［J］．湖北农业科学，2018，57（3）：100－104.

［52］孙晓华，李明珊，王昀．市场化进程与地区经济发展差距［J］．数量经济技术经济研究，2015（6）：39－55.

［53］谭旭，张少丁．军队人力资源专业结构需求预测模型研究［J］．工业工程与管理，2012，17（2）：102－108.

［54］王舒，郭敏，李彦华．时间约束下果蔬产品双渠道供应链的应急协调契约［J］．湖北农业科学，2017，56（17）：3353－3357.

［55］王亚男，王宏起，朱磊．区域战略性新兴产业人力资源生态系统对核心竞争力的作用机理［J］．科技管理研究，2016，36（9）：253－260.

［56］王永杰．人工神经网络算法在 GDP 和 CPI 中的预测应用［D］．中北大学，2017.

［57］魏玮．山西省高技术企业创新能力评价［J］．财经界（学术版），2015（23）：72.

［58］温宏君．山西省产业结构转型过程中的经济发展现状分析［J］．内蒙古煤炭经济，2018（15）：20－21.

［59］温淑芳，柳长江．山西省高新技术企业及高新技术产业发展情况分析［J］．科技创新与生产力，2018（11）：9－13.

［60］吴林海．高技术产业界定的方法和分析［J］．科技进步与对策，1999，16（6）：53－55.

［61］吴扬，郭敏，李彦华．基于后悔理论和证据推理的风险型多属性决策［J］．中北大学学报（自然科学版），2018，39（6）：708－716.

［62］吴轶华．集成学习［J］．计算机研究与发展，1991（9）：1－6.

［63］武晓萍．中国未来劳动力就业趋势研究［J］．南方人口，2000，15（1）：50－55.

［64］肖利哲，乔毅红，沈英，等．多元回归模型在企业人力资源规划中的应用［J］．科技与管理，2010，12（4）：123－125.

［65］邢洁，刘芳．基于IGM 模型的人力资源需求的灰预测分析［J］．统计与决策，2012（20）：92－94.

［66］熊斌，葛玉辉．推动战略性新兴产业发展的科技人力资源开发研究［J］．中国人力资源开发，2010（8）：5－8.

［67］徐静，王勃．基于 SOM 神经网络的人力资源管理风险预警模型研究［J］．电子设计工程，2015，23（18）：134－136.

［68］徐涛，燕宪金，杨国庆．基于神经网络集成的单个飞行事件噪声预测模型［J］．中国环境科学，2014，34（2）：539－544.

［69］阳立高，贺正楚，韩峰．湖南省战略性新兴产业人才需求预测及对策［J］．中国科技论坛，2013，1（11）：85－91.

［70］杨丽．山西省科技人才需求预测及管理研究［D］．太原理工大

学，2012.

［71］杨青峰．剥离环境因素的中国区域高技术产业技术效率再估计——基于三阶段 DEA 模型的研究［J］．产业经济研究，2014（4）：94－102.

［72］姚建华．试析人力资本的含义及其形成机理［J］．广州大学学报（社会科学版），2009，8（7）：43－46.

［73］姚天祥，刘思峰，党耀国．初始值优化的离散灰色预测模型［J］．系统工程与电子技术，2009，31（10）：2394－2398.

［74］彭海燕．企业知识员工动态稳定控制方法研究［D］．中国科学技术大学，2008.

［75］俞荣建．重新认识人力资本：三维集成的观点及其启示［J］．商场现代化，2015（22）：189－190.

［76］俞章盛，黄晨熹．“十五”时期上海市劳动就业容量与结构预测［J］．人口学科，2001（1）：24－27.

［77］宇文晶，马丽华，李海霞．基于两阶段串联 DEA 的区域高技术产业创新效率及影响因素研究［J］．研究与发展管理，2015，27（3）：137－146.

［78］喻胜华，张静．基于 Lasso 和 BP 神经网络的组合预测及其应用——以居民消费支出预测为例［J］．财经理论与实践，2016（1）：123－128.

［79］张郴，张捷．中国入境旅游需求预测的神经网络集成模型研究［J］．地理科学，2011，31（10）：1208－1212.

［80］张春霞，张讲社．选择性集成学习算法综述［J］．计算机学报，2011，34（8）：1399－1410.

［81］张洪潮．山西省高新技术产业发展环境研究［J］．生产力研究，2000（5）：57－58.

［82］张纪．高新技术产业发展与人才需求问题研究［J］．中国高新技术企业，2009（6）：6－7.

［83］张纪．人才需求特征与高新技术产业增长的相关性研究［J］．特区经济，2009（5）：278－280.

［84］张俊深，袁程炜．基于 BP 神经网络与修正 GM（1，1）模型的能源消费组合预测［J］．统计与决策，2016（5）：90－93.

［85］张敏，顾萍萍，王晓燕，芮佳伟，龚敏，许倩．江苏省高新技术产业科技人才需求预测研究［J］．科技信息，2014（15）：52－53.

［86］张平．基于辽宁产业集群建设的人力资源需求预测——ARIMA 模型的运用［J］．大连理工大学学报（社会科学版），2011，32（1）：36－41.

［87］张爽．中国人力资源发展现状与开发策略研究［M］．上海：上海科

技教育出版社，2016.

［88］张拓宇，孟庆海，郄宏伟．促进天津高新技术产业领军人才开发的研究［J］．天津经济，2011（5）：35－38.

［89］张宇洁，吴洁，肖晨帆，等．基于结构偏离度的新兴产业结构与人才结构互动关系研究［J］．科技管理研究，2012，32（9）：121－125.

［90］赵丹丹，高世葵．基于AHP的资源型城市可持续发展水平评价研究——以山西省为例［J］．资源与产业，2015，17（5）：1－7.

［91］赵江平．高新技术产业人才状况的分析思考与对策——基于中山火炬高技术产业开发区人才需求状况调研［J］．南方论刊，2011（2）：46－48.

［92］赵燕艳，王学军．山西省高新技术产业协同创新研究［J］．中国集体经济，2015（15）：23－25.

［93］赵玉林等．高技术产业发展与经济增长［M］．北京：中国经济出版社，2010.

［94］周开利，康耀红．神经网络模型及其MATLAB仿真程序设计［M］．北京：清华大学出版社，2005.

［95］周彦喆．山西省资源经济转型过程中产业协同发展研究［J］．资源与产业，2018，20（2）：7－12.

［96］周永华，刘燕，苏永杰．基于GM（1，1）模型的新疆人力资源需求预测分析［J］．新疆大学学报（哲学·人文社会科学汉文版），2013（4）：25－29.

［97］周祝平．北京市劳动力供求趋势预测［J］．北京社会科学，2007（3）：32－37.

［98］朱向梅，李彦华．产学研知识创新网络研究［M］．北京：兵器工业出版社，2009.

［99］刘志刚．人力资本配置对经济增长的意义分析［J］．商场现代化，2008（32）：274－275.

［100］孙晓华．不同地区影响创新人才成长的因素分析［J］．生产力研究，2018（11）：102－105，127.

［101］郭泉恩，孙斌栋．中国高技术产业创新空间分布及其影响因素——基于面板数据的空间计量分析［J］．地理科学进展，2016，35（10）：1218－1227.

［102］朱晋伟，王杨阳，梅静娴．高技术产业间创新绩效及影响因素差异比较分析——基于面板数据的半参数模型［J］．系统工程理论与实践，2015，35（12）：3135－3143.

［103］王伟光，冯荣凯，尹博．技术引进、自主创新与技术效率——基于技术能力与技术效率的系统动力学研究［J］．辽宁大学学报（哲学社会科学版），

2015，43（5）：100－109.

［104］孙晓华，郭旭．财政支出竞争与地区资本配置效率——基于空间计量模型的实证检验［J］．东北大学学报（社会科学版），2015，17（2）：135－140，147.

［105］钞小静，沈坤荣．城乡收入差距、劳动力质量与中国经济增长［J］．经济研究，2014，49（6）：30－43.

［106］桂黄宝．我国高技术产业产出效应分析：扩散还是回波？——基于FEDER模型的空间计量检验［J］．科学学研究，2014，32（4）：536－544.

［107］桂黄宝．基于Fuzzy－AHP－SWOT的高技术企业竞争战略创新分析［J］．科技管理研究，2014，34（1）：142－146.

［108］王庆喜，王巧娜，徐维祥．我国高技术产业省际知识溢出：基于地理和技术邻近的分析［J］．经济地理，2013，33（5）：111－116，136.

［109］宋丽智．我国固定资产投资与经济增长关系再检验：1980－2010年［J］．宏观经济研究，2011（11）：17－21，46.

［110］姜东明．港口经济推动沿海地区经济发展的分析［J］．中国人口·资源与环境，2010，20（6）：53－57.

［111］宋来胜，苏楠．政府研发资助、企业研发投入与技术创新效率［J］．经济与管理，2017，31（6）：45－51.

［112］肖仁桥，钱丽，陈忠卫．中国高技术产业创新效率及其影响因素研究［J］．管理科学，2012，25（5）：85－98.

［113］单良，宋关东．区域人力资源开发与经济发展的时空耦合分析——以环渤海地区为例［J］．人口学刊，2016，38（4）：103－112.

［114］梁泳梅，李钢，董敏杰．劳动力资源与经济发展的区域错配［J］．中国人口科学，2011（5）：36－48，111.

［115］沈雯婕．海宁政府政策对地方经济发展的影响与互动分析［D］．南昌大学，2016.

［116］陈雷．东北地区人力资源配置问题研究［D］．东北师范大学，2015.

［117］白晓明，丛林，黄敬前．和谐管理下我国农业科研人力资源宏观配置研究［J］．科技进步与对策，2013，30（6）：145－150.

［118］张绵纯．上市高新技术企业研发费用规模影响因素分析［J］．财会通讯，2011（17）：25－27.

［119］杨丽．山西省科技人才需求预测及管理研究［D］．太原理工大学，2012.

［120］蒋芸，陈娜，明利特，周泽寻，谢国城，陈珊．基于 Bagging 的概率神经网络集成分类算法［J］．计算机科学，2013，40（5）：242－246.

［121］亚当·斯密．国民财富的性质和原因的研究［M］．北京：华夏出版社，2005.

［122］彼得·德鲁克．管理的实践［M］．北京：机械工业出版社，2009.

［123］彭海燕．企业知识员工动态稳定控制方法研究［D］．中国科学技术大学，2008.